人文旅行

庞旸◎著

科学普及出版社

·北 京·

图书在版编目（CIP）数据

人文旅行／庞旸著 .—北京：科学普及出版社，2019.1
ISBN 978-7-110-09793-9

Ⅰ．①人… Ⅱ．①庞… Ⅲ．①人文科学－少儿读物 Ⅳ．① C49

中国版本图书馆 CIP 数据核字 (2018) 第 072790 号

策划编辑	杨虚杰	
责任编辑	赵慧娟	
装帧设计	森　山	
责任校对	杨京华	
责任印制	马宇晨	
绘　　图	朱　颖	

出　　版	科学普及出版社
发　　行	中国科学技术出版社发行部
地　　址	北京市海淀区中关村南大街 16 号
邮　　编	100081
发行电话	010-62173865
传　　真	010-62173081
网　　址	http://www.cspbooks.com.cn

开　　本	787mm×1092mm　1/16
字　　数	100 千字
印　　张	9
版　　次	2019 年 1 月第 1 版
印　　次	2019 年 1 月第 1 次印刷
印　　刷	北京利丰雅高长城印刷有限公司

书　　号	ISBN 978-7-110-09793-9/C·104
定　　价	39.80 元

（凡购买本社图书，如有缺页、倒页、脱页者，本社发行部负责调换）

目录

CONTENTS

让我们一起开始人文旅行吧!

嗨!大家好,我是小马可。什么什么?你问我和威尼斯旅行家马可·波罗有什么关系?哇,差了八九百年呐,唯一相同之处就是我们都爱旅行,周游世界是我和大马可共同的兴趣。

古人云:读万卷书,行万里路。旅行能让我们看到这个世界最美丽的风景,最奇妙的事情,能学到好多书本上学不到的东西呀!

咱们中国明代的大旅行家徐霞客也是我的偶像。他一生志在四方,"达人所之未达,探人所之未知",一部游记,记录了多少人文、地理、动植物等知识啊!

循着大马可和徐霞客的足迹,我和小驴友们也满世界转悠,号称神游天下。我把这些年看到的、学到的,都记录在这套书里了。这里头有自然奇观、博物风情、人文历史、未解之谜,与爱旅行的朋友们分享。

行程处处有芳草,少年驴友遍天下。朋友,如果你想领略天涯海角那些千奇百怪、千姿百态的事物,就和我们一起打起背包,来一次说走就走的旅行吧。

出发!

欧洲篇

RENWEN LVXING

前些年有考古者在这里挖掘马可·波罗的故居，发现挖出来的木头坚硬得像铁一样。就是在这样的基础上，他们盖起高大、坚固而美丽的宫殿、教堂、修道院、府邸、剧院、艺术馆和民居，使威尼斯成为一座历史文化名城。

米罗是小马可在网上结识的小驴友，住在意大利的罗马城。得知小马可要来意大利自由行，他自告奋勇地担负起了导游的角色。

米罗在达·芬奇国际机场接到了小马可。一见面，他就给了小马可一个热情的拥抱："欢迎大旅行家马可回家！"

"回家？No，No！我怎么敢跟意大利13世纪的旅行家马可·波罗相比呢？一本《马可·波罗游记》，让欧洲人认识了当时东方最富有的国家——中国，在欧洲激起了'东方热'，从此开始了中西方交流的新时代。我只不过是个爱满世界乱跑的小孩，被人称作'小马可'而已！"

"这就对啦！你这小马可和我们意大利的老马可大有渊源，所以我要欢迎你回家啊！"

喷泉之都的四河喷泉

喷泉之城

让他这么一说，小马可还真的找到了点回家的感觉。他觉得米罗这个小驴友真是太有趣了。他不仅爱开玩笑，还挺有学问。米罗的嘴一刻也不闲着："瞧，你眼前这座美丽的城市就是罗马。罗马是意大利的首都，位于地中海中部亚平宁半岛的拉丁平原上，是公元前7世纪建造的。我们要参观的主要是罗马古城，它至今保留着许许多多古罗马时期的精美建筑和艺术品。"

一连两天，米罗带小马可参观了梵蒂冈圣彼得大教堂、威尼斯广场、万神殿、君士坦丁凯旋门和古罗马斗兽场等，接下来他说："走，我们去那沃纳广场看喷泉。"

"喷泉？"

"是啊，罗马有许多美丽的喷泉，被誉为'喷泉之城'。在文艺复兴时期，罗马教皇请工程师和艺术家们在城中大修喷泉。它们既能为城市提供水源，又是很美的装饰雕塑。罗马古城最有名的喷泉有特雷维喷泉、许愿泉和那沃纳广场的三座喷泉。"

那沃纳广场是一座长方形广场，长约240米。过去这里是古罗马贵族的娱乐场所，而今，它已成为罗马当地居民和外来游客最喜爱的旅游景点了。无论是白天还是晚上，广场上都聚集着满满的人群。

广场上由北向南分布着三个喷泉，它们依次是海神喷泉、四河喷泉和摩尔人喷泉。

从海神喷泉看四河喷泉

小马可的目光，一下子被广场中央的四河喷泉吸引住了。他看到，喷泉中间是假山，耸立着一个埃及式的花岗岩方尖碑；下方环绕着巨大的水池。在假山上，四个老人用不同的姿势朝四个方向坐着。

　　"这四位老人是河神，他们代表着当时欧洲地理学家认为人类征服的四大河流，同时这四条河流又代表了人类文明的四块大陆。它们分别是：欧洲的多瑙河、非洲的尼罗河、美洲的拉布拉塔河以及亚洲的恒河。"

　　"哦，真有意思。你一个一个地给我讲讲吧。"

　　"好，先看这个。"

欧洲多瑙河

　　"你看这位老人，裹着头巾，须发翻卷；双手高举，望向天空，像不像正在指挥《多瑙河圆舞曲》？——他就是多瑙河的河神。"米罗说。

多瑙河河神

　　"哦，我知道多瑙河。它发源于德国黑森林中的小溪，全长2850千米，是欧洲第二大河流。多瑙河自西向东流经德国、奥地利、匈牙利、保加利亚、乌克兰等十多个国家，最后注入黑海，是世界上横跨国家最多的河流。"来之前，小马可还是做了不少案头准备的，而且，他也非常喜欢小约翰·斯特劳斯的《多瑙河圆舞曲》。

米罗指着雕像："你看，老人的双臂迎向一面盾牌，盾牌上刻有耶稣的十二使徒之一——圣彼得的钥匙和三重王冠，还有象征罗马教皇英诺森十世的徽章、三朵百合和一只代表圣灵的鸽子。"

小马可还看到，多瑙河河神的脚边卧着一头雄狮，口里不停地向外吐着喷泉。他双手的造型又像是一个舞蹈的姿势，也许是象征着欧洲的文明和多瑙河的优雅吧，小马可想。

非洲尼罗河

"这位老人干嘛用头巾严严实实遮住脸，他是不是害羞，不好意思光着身子见这么多人呀？"小马可他们来到第二位河神前。

尼罗河河神

"别逗了，小马可。他遮住脸，也许是因为非洲天气太热，用头巾遮挡火一般的紫外线；也许是不明白尼罗河的源头；还有人猜，他是不愿意看到尼罗河泛滥成灾的情景。"米罗说。

噢，这是尼罗河河神。希腊语"尼罗"代表河谷。小马可看过英国电影《尼罗河上的惨案》，大侦探波罗给他留下很深的印象。他知道，尼罗河全长 6695 千米，是世界上最长的河流。它源于非洲中部，流经非洲中东部与北部，自南向北穿过苏丹与埃及，注入地中海。

小马可去过埃及。他知道，尼罗河的泛滥并不总是带来灾祸，相反，它给埃及带来肥沃的土壤，使埃及人创造了高度的古文明。

米罗指点着："你看，在尼罗河河神的右侧刻着棕榈树，这是典型的非洲树种。还有鳄鱼，尼罗河上盛产鳄鱼。"

四河喷泉上确实雕有不少动物，马、鱼、蛇、狮子什么的，但小马可觉得，它们的形象有点粗暴，让人害怕。相反，那只鳄鱼倒是很可爱的样子。

美洲拉布拉塔河

"这位河神是一位黑人呀！"小马可来到第三位河神面前。他看到，老人以半仰卧的姿态靠在喷泉上，一只手臂撑地，另一只手高高地朝天空挥动着。

拉布拉塔河的河神

"这是美洲，确切地说是南美洲的拉布拉塔河河神。"米罗说。

"拉布拉塔？我以前只知道南美洲有个亚马逊河，是仅次于尼罗河的世界第二长河，没怎么听说过这条拉布拉塔河呀？"小马可觉得这条河的名字也有点怪，有点像北京话"邋里邋遢"。

"是啊，现在的地理教科书似乎很少提到拉布拉塔河了，但它曾经也被作为世界四大河流之一啊！拉布拉塔河全长4700千米，是南美洲的第二大河流。它灌溉了周边肥沃的土壤，是南美洲的经济支柱呢。"米罗说。

　　"哦，怪不得河神身下的岩石上堆着一堆金币，这该是代表着美洲丰饶的矿产资源吧？"

　　"是啊。你看，他的眼睛注视着方尖碑塔尖上的鸽子，这是有宗教意味的，象征天主教将统治美洲。"

亚洲恒河

恒河河神

　　最后，他们来到代表小马可的故乡亚洲的河神面前。恒河河神是个身材魁梧的老人，他手持长长的船桨，斜身侧坐，坚毅的目光凝视着远方，像一位东方的智者。

　　恒河位于印度北部，全长2510千米，自古以来一直是印度教徒的圣河。"恒"具有"不灭""永恒"的意思。根据印度神话，恒河是从印度教三大主神中的"湿婆神"脚下流出的河流，并且是女神干加居住的地方。

　　恒河发源于喜马拉雅山脉，注入孟加拉湾，大部分流经印度领土，养育着高度密集的人口。恒河流经的恒河平原，是从公元

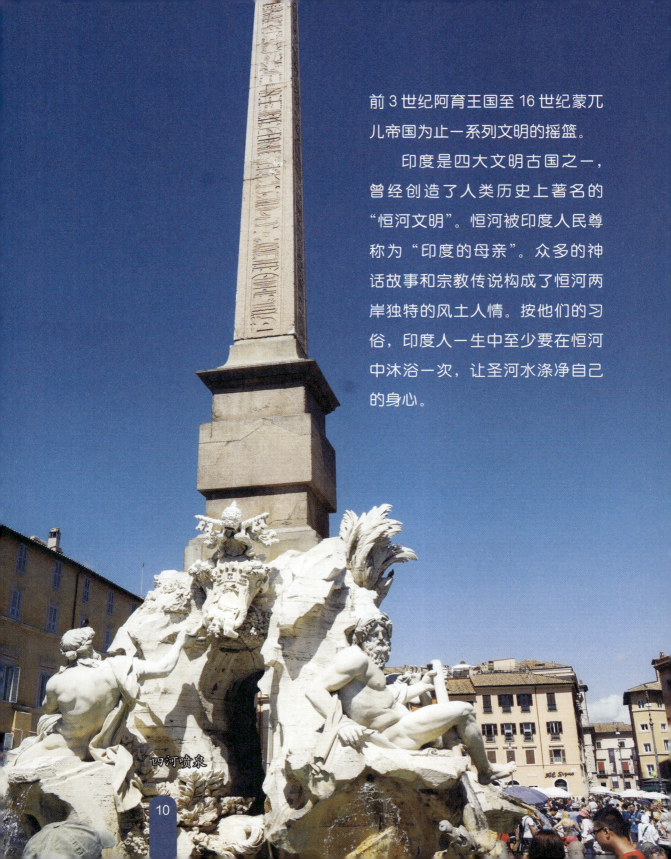

前 3 世纪阿育王国至 16 世纪蒙兀儿帝国为止一系列文明的摇篮。

印度是四大文明古国之一，曾经创造了人类历史上著名的"恒河文明"。恒河被印度人民尊称为"印度的母亲"。众多的神话故事和宗教传说构成了恒河两岸独特的风土人情。按他们的习俗，印度人一生中至少要在恒河中沐浴一次，让圣河水涤净自己的身心。

四河喷泉

"你看，恒河河神目视远方，是不是象征恒河之水源远流长？"小马可问。

"你说得不错。"米罗明白，来自亚洲的小马可对恒河一定知道不少，他也不必多说，只是补充道："佛教中不是有个'白马驮经'的故事吗？你看，那老人身旁不是有一匹白马吗？"

是啊，小马可觉得，这四位河神，真是一组气魄宏伟的群雕。他们表情不一，筋骨粗壮，表现出高超的雕塑艺术；他们民族特色突出，个性鲜明，又体现了各大洲不同的文化意蕴，真是耐人寻味呀。

贝尔尼尼的故事

"创作这组雕像的艺术家是谁呢？"小马可问。

"是乔凡尼·洛伦佐·贝尔尼尼，我们意大利17世纪最著名的雕刻家和建筑家呀！"米罗回答。

说起来还有个有趣的故事呢。虽然贝尔尼尼是意大利巴洛克美术的首席，当时最有才华的艺术家，但当新任罗马教皇篷·腓力要在他的宫殿旁建造一座巨大的喷泉时，一开始并没打算雇用贝尔尼尼，因为他与前任教皇尤本八世关系密切。于是，贝尔尼尼就与罗德维斯王子合作，请他把自

贝尔尼尼的画像

己设计的模型摆放在教皇常会经过的房间里。有一天，当教皇走过时，真的看到了贝尔尼尼的模型。他非常高兴，对身边的人说："我们必须雇用贝尔尼尼，虽然很多人不希望这样，但是能够抵制他的唯一的方法就是不看他的作品！"就这样，贝尔尼尼凭着自己难以抗拒的艺术魅力得到了教皇的信任。

那沃纳广场上的街头艺术——猜猜人脸去哪了

四河喷泉是 1651 年 6 月 12 日落成的，罗马民众为它举行了隆重的揭幕仪式，在场的每个人都被它的力量和美征服了。如今的那沃纳广场和四河喷泉，游人如织，到处都是街头画家和艺人在展示他们的作品；到了夜晚，这里更是高朋满座的聚会场所，情侣们在这里约会，广场充满浪漫的气氛。

在铺着方块青石的那沃纳广场上，小马可还欣赏了其他两座喷泉：海神喷泉和摩尔人喷泉。摩尔人喷泉也是贝尔尼尼的杰作；海神喷泉建于 1574 年，出自另一位罗马雕塑家博尔塔之手。海神喷泉塑有海神波塞冬大战章鱼，以及海中仙女和海象的形象，也是栩栩如生，十分动人。

"下一站我们去哪？"小马可问。

"去佛罗伦萨，欧洲文艺复兴的发源地，世界艺术之都。在那里你能看到更多的古迹和艺术品哦！"

海神喷泉，波塞冬斗章鱼

本文图片提供：阿真

世界艺术之都佛罗伦萨

米罗带着小马可，驱车来到意大利中部城市佛罗伦萨。一路上他神情激动，不停地向小马可介绍着："兄弟，你知道13世纪意大利文艺复兴运动吗？没有文艺复兴，中世纪的欧洲还在神学统治的'黑暗时代'摸索呢，哪有后来的文明进步啊。而佛罗伦萨就是文艺复兴运动的发源地，你说是不是很了不起？"

"是啊是啊！"小马可应道："我们中国著名的浪漫诗人徐志摩写过长诗《翡冷翠的一夜》。这'翡冷翠'就是佛罗伦萨！"

圣母百花大教堂

说着，车已进入佛罗伦萨市区。这座历史文化名城，到处都是古老典雅的建筑，小马可觉得眼睛都不够使了。他们先参观了有着橘红色巨大圆顶的圣母百花大教堂，这座哥特式建筑是世界排名第四的大教堂，外部用绿、白、红三色大理石拼成鲜艳的几何图案，显得格外美丽壮观。大教堂由主教堂、圣乔万尼洗礼堂和高高的钟楼组成。洗礼堂是个八角形的建筑，它最引人注目的是青铜大门上黄金的"天堂之门"，那是艺术家基贝尔蒂花了21年才雕成的。

了不起的美第奇家族

接着，他们去参观维琪奥王宫。米罗说，圣母百花大教堂和维琪奥王宫是佛罗伦萨最著名的两个建筑，绝不能错过。

为什么呢？这还要从美第奇家族说起。美第奇家族是佛罗伦萨13—17世纪最强大的名门望族，曾诞生了利奥十世、克莱门特七世和利奥十一世三位教皇，还出过两位法国王后。在文艺复兴中，这个家族起到了非常关键的作用。

美第奇家族靠银行业和医药发明起家，非常富有，又酷爱艺术。家族中的卡西摩·美第奇具有哲学家气质，洛伦佐·美第奇本人就是诗人，他们成为文艺复兴运动最重要的推动者和资助人，不仅资助了许多天才的艺术家如米开朗基罗、波提切利、达·芬奇、提香、多那太罗、拉斐尔等，而且还是当时许多人文学者和科学家的朋友，天文学家伽利略就得到过他们的资助。美第奇家族修建教堂、学院和图书馆，参与并资助绘画、雕刻、建筑、诗歌、

圣母百花大教堂

15

哲学等领域的研究和创作。因此，虽不能说没有美第奇家族就没有意大利文艺复兴，但没有美第奇家族，意大利文艺复兴肯定不是今天我们所看到的这个样子。

"了不起！美第奇家族对人类文明进步的贡献真是太大了！"听米罗这么一说，小马可由衷地赞叹起来。

美轮美奂的维琪奥王宫

说着，他们来到了维琪奥王宫前。维琪奥王宫曾经是美第奇家族的住所，建于 1298 到 1314 年。后来作为佛罗伦萨共和国的市政厅，它成了这个城市的象征。现在，它是一座收藏着大量珍贵艺术品和文物的博物馆，对世界各地的游人开放。

维琪奥王宫前的大卫像

"大卫！米开朗基罗的大卫！"小马可一眼就认出在王宫门口左侧的大卫雕像。

"哦，那是一座复制品。从 1873 年开始，米开朗基罗的'大卫像'一直矗立在这里。20 世纪，佛罗伦萨市政府为了保护雕像，将它移进了佛罗伦萨美术学院，在这里立了座一模一样的复制品。"

说这话的是彬彬有礼的博物馆馆员阿方索先生，他负责接待小马可一行。阿方索先生带孩子们存了包，引

议会大厅中的雕像

他们登上二楼，进入能容纳 500 人的议会大厅。大厅正中有一座卡西摩·美第奇的胸像，他是美第奇家族财富与文化的奠基人。大厅两侧，排列着一座座造型生动的雕塑和一幅幅罗马英雄系列壁画，穹顶上是金碧辉煌的宗教油画。

"看，这座'胜利女神'雕像是米开朗基罗的原作，这可是我们博物馆最著名的

柯西摩·美第奇的胸像

藏品。还有这些充满力量的雕像和精美壁画，它们都出自文艺复兴时期的艺术大师之手，是美第奇家族的私人收藏。"

小马可按着阿方索先生的指点逐个欣赏着，嘴里啧啧感叹，简直是目不暇接了。

阿方索先生讲了美第奇家族是怎样帮助米开朗基罗这个艺术天才的。是洛伦佐·美第奇最先发现米开朗基罗的天赋，对他倍加重视和爱护。当时米开朗基罗还是个14岁的少年，他可以出入洛伦佐的宫殿，学习、观摩大量的艺术品，并能与当时最有名望的人文学者、诗人交往。对于一个少年来说，这绝佳的学习机会，使他的思想日臻成熟，视野扩大，技法提高，终于创作出流芳百世的艺术杰作。

爱看星星的但丁

但丁脸模

阿方索先生带他们上到三楼，这里有王后住的百合花房间和更多精美的壁画。他们还看到但丁临终时印下的脸模。小马可知道，但丁是意大利最伟大的诗人，是文艺复兴的开拓者之一，写过举世闻名的长诗《神曲》。但丁生前，也得到过美第奇家族的支持。

阿方索先生给他们讲，但丁年轻的时候，喜欢坐在王宫门外的广场上仰

远眺佛罗伦萨

19

天枯坐。尤其是在仲夏之夜，他常常伴着满天的星斗坐到天明。据说但丁有着超常的记忆力。一天晚上，但丁正坐在广场看星星，有个陌生人径直走来，躬下身对他说："久仰您的诗名，知道您是佛罗伦萨的骄傲。别人问我一个问题，但我才疏学浅，无法回答，特请您帮助。这问题是：世上最好吃的东西是什么？""鸡蛋。"但丁脱口而出。那人点点头走了。几年之后的一天，但丁仍然坐在那个广场上看星星，还是那个陌生人走上前去，继续数年前的对话："那么，如何烹调呢？"但丁看了来人一眼，不假思索地回答道："放一点盐。"

西纽利亚广场前的雕塑

20

阿方索先生讲这个故事时，他们正站在王宫三楼的凉廊上。从这里放眼望去，可以把佛罗伦萨整个城市的景色尽收眼底——蓝天白云，披着黛色的远山，一座座教堂的尖顶，一片片白墙红瓦的漂亮建筑，还真是名不虚传的"翡冷翠"呢！

西纽利亚广场再看艺术

　　参观完王宫，他们谢别阿方索先生，来到外面的西纽利亚广场。广场上有许多雕塑，其中号称"祖国之父"的卡西摩·美第奇的骑马雕像格外引人注目。这位柯西摩·美第奇不仅继承和扩大了父亲乔凡尼·美第奇的财富和政治影响，在文化艺术领域也享有更高的声望。据说从 1434 年到 1471 年，美第奇家族为意大利的慈善事业和公共建筑等捐出了不下663755 块金币，其中柯西摩一人捐的就有 40 多万块。他赞助众多艺术家，是学者的朋友和保护人；他曾将自己官邸附近的一栋住宅送给著名学者、佛罗伦萨柏拉图学会主席费奇诺，以方便和他交往切磋。当柯西摩·美第奇去世时，佛罗伦萨全城人为他送葬，在他的墓碑刻上"国父"的字样。

　　王宫左侧有竖着巨大石头廊柱的集会会所，那里也有许多古代和文艺复兴

『祖国之父』柯西摩·美第奇的雕像

珀耳修斯和美杜莎

时代的大理石人物雕像。游览累了的人们坐在石头台阶上歇息，街头艺术家们在这里表演幽默的哑剧，还有一些画家在广场上作画，佛罗伦萨真不愧是世界艺术之都啊！小马可正这样想着，目光又被一个古老的青铜雕像吸引住了：只见珀耳修斯穿着飞天靴子，踩在俘虏身上。他一手执刀，一手高举着一颗头颅，威风凛凛。那个被高高举起的头颅，正是海神波塞冬的女儿——蛇发女妖美杜莎。

　　"咱们下一站去哪儿？"小马可恋恋不舍地收回目光，问道。

　　"水上之城——威尼斯啊！"米罗回答。

本文图片提供：阿真

小马可和米罗离开佛罗伦萨，驱车前往著名的水城——威尼斯。

对威尼斯，小马可并不陌生。他从小看过莎士比亚的著名话剧《威尼斯商人》。后来读地理书，知道它是意大利东北部的城市，是亚得里亚海威尼斯湾的重要港口。当年马可·波罗来到中国的水上城市苏州，大加赞赏，说苏州是"东方的威尼斯"。

然而，当他们跨过一条长长的海堤，来到威尼斯这座"百岛之城"时，小马可觉得威尼斯和苏州还是很不一样。苏州是个河流比较多的内陆城市，威尼斯则是个和大海连接的海港城市；而且，它根本就是一个在海上凭空建造起来的"海上都城"！

1000多年前的威尼斯人，为什么要在海上建这样一座城市呢？

从泻湖讲起

米罗给小马可讲开了。原来，公元452年左右，威尼斯人的祖先为了躲避蛮族的蹂躏，被迫逃往亚得里亚海的泻湖小岛上。什么是泻湖呢？泻湖是由海湾变成的湖泊——这些湖本来都是海湾，由于泥沙沉积，在出海口处形成了沙洲，将海湾与海洋分隔，成为了湖泊。威尼斯人的祖先就在泻湖群岛中最大的岛——利亚托岛避难，蛮族始终无法越过湖泊。

为什么呢？这还要从泻湖的特点讲起。泻湖和海有很大的区别，它水文复杂，有些地方很深，有些地方很浅，都是泥潭。入侵者的船开进来就会搁浅，陷在泥潭里，受到威尼斯军队的猛烈攻击。西罗马帝国几次来攻打威尼斯，都这样失败了。泻湖成了保护古代威尼斯人的天然屏障。于是，他们就在湖中的岛上建筑房屋，定居下来。

海上都市是怎样建成的

"在海上怎样盖房子呀？"小马可好奇地问。

"问得好，小马可。"米罗说："在海湾的沙洲上盖房子，最大的难题是怎样打地基。威尼斯人经过长期的摸索，终于找到一个好办法：他们先在水底下的泥上打下大木桩，木桩一个挨一个，这就是地基。打牢了，铺上石板和木板，然后在上面盖房子，威尼斯的房子都是这么建造的。前后经历 400 多年，他们共建造了118 个这样的人工岛。"

"好家伙！那得用掉多少根木桩啊！"小马可惊讶地吐着舌头说。

"是啊，为了造城，威尼斯人到意大利北部的阿尔卑斯山中大量砍伐森林，砍下坚硬的白松木，从水路运到威尼斯。他们先后打下的硬木桩有几百万根。因此人们说，威尼斯城上面是石头，下面是森林。"

"木头埋在水里不会烂吗？"

"不会。因为木桩浸在水里，不和空气中的氧气接触；再加上一般木头都要经过涂漆、烟熏等处理，因此它们不仅不会烂掉，而且会越变越硬，历久弥坚。前些年有考古者在这里挖掘马可·波罗的故居，发现挖出来的木头坚硬得像铁一样。就是在这样的基础上，他们盖起高大、坚固而美丽的宫殿、教堂、修道院、府邸、剧院、艺术馆和民居，使威尼斯成为一座历史文化名城。"

露出水面的木桩已经有些腐烂了

"了不起！怪不得它与中国的长城、埃及的金字塔并列为人间奇迹，还被联合国称为符合《世界文化遗产》六项标准的世界三大文化遗产呢！"小马可啧啧赞叹道。

乘三种船游水城

"威尼斯还是世界上唯一没有汽车、也没有自行车的城市。它的 118 个小岛，用 177 条水道、401 座桥梁连成一体。在威尼斯，唯一的交通工具就是船。"

米罗说这话时，他们正乘一艘交通船穿越海湾前往本岛。"今天我们要乘三种船：现在乘的是能载 100 多位乘客的海上公共汽车；然后乘'贡多拉'小舟在城中深度游，好比你们北京后海胡同游的三轮车；最后乘小汽艇饱览两岸大运河风光，那相当于观光出租车。"

小水蛇"贡多拉"

"贡多拉"小舟

说话间，他们已来到了威尼斯岛。一艘艘"贡多拉"小舟在水边等着客人。小马可记得，美国著名作家马克·吐温曾在他的作品《威尼斯的小艇》里这样描写"贡多拉"："小艇有二三十英尺（1 英尺 ≈ 0.30 米）长，又窄又深，有点像独木舟。船头和船艄向上翘起，像挂在天边的新月，行动轻快灵活，仿佛田沟里的水蛇。"

大作家的描写真是太形象了。他们就乘上了一艘这样的"水蛇"。船夫都穿一种条纹海魂衫，戴窄边草帽，他们灵活地撑着船，在又窄又浅的水道中行驶。

"贡多拉"小舟在绿波上荡漾，穿过蜿蜒曲折的水巷，从一座桥划向另一座桥。水道两旁，古色古香的楼房、庭院，不同风格的大门、台阶从他们身边掠过，似乎把他们带到了文艺复兴时代的威尼斯。

这些房子，至少都有二三百年以上的历史了，留下岁月的痕迹，显得有些陈旧。小马可觉得，《威尼斯商人》中的夏洛克老头，仿佛正从其中的一扇窗户里探出头来。

"看，那就是叹息桥！"米罗指着正前方一座巴洛克风格的石桥叫了起来。他告诉小马可，叹息桥是威尼斯最著名的一座桥，它的拱形桥身是密闭式的，横跨两座楼，一边是法院，另一边是监狱。当法院审判完押送犯人去监狱，经过桥的时候，犯人可以通过桥上的小窗户再看一眼外面的世界，不禁发出一声叹息，因此得名"叹息桥"。

这座桥还有一个名字叫"日落桥"，它来自一个浪漫的传说：如果一对情侣在日落时分赶到叹息桥下接吻，那么，他们从此以后将永远不会分离。这个传说感动着来自世界各地的青年男女，他们纷纷在日落时分来到这里见证他们的爱情。

"最美的客厅"——圣马可广场

过了叹息桥，他们告别"贡多拉"的船夫，上岸来到圣马可广场。

圣马可广场是威尼斯政治、宗教和公共活动的中心，法国皇帝拿破仑曾称赞它为"欧洲最美的客厅"。它是由公爵府、圣马可大教堂、圣马可钟楼、行政官邸大楼、拿破仑

叹息桥

翼大楼和圣马可图书馆等建筑所围成的长方形广场，这些建筑都建于文艺复兴时期，雄伟、精美、富丽堂皇。广场东边的总督宫是以前威尼斯总督的官邸，里面用油画、壁画和大理石雕刻来装饰各个大厅，非常奢华。

每年2～3月间，盛大的威尼斯狂欢节游行把圣马可广场变成了一场巨大的化装舞会，人们戴上面具，穿上奇奇怪怪的服装，化装成各种神话和戏剧中的人物，尽情狂欢。

怪不得广场边上的商店里有那么多卖假面具的呢！小马可想着，忍不住也买了一个奥赛罗的面具戴上。他看到，广场上满是来自世界各地的游客，摄影师们在这里寻找最佳角度，抓拍永恒的瞬间，鸽子们也在这里悠然自在地闲逛。

圣马可大教堂

在圣马可广场入口处，面向亚得里亚海竖立着两根高大的圆柱，东侧的圆柱上挺立着一只展翅欲飞的青铜狮子。在广场建筑上，这种带翅膀的狮子也到处可见，这是怎么回事呢？小马可问米罗，原来这飞狮是耶稣门徒圣马可的标志，而圣马可是威尼斯的保护神，所以飞狮也是威尼斯的城徽。那两根面朝大海的石柱，标志着威尼斯的海上大门。

　　从这个"大门"出去，他们乘上了米罗所说的海上出租车——汽艇，畅游 S 型的大运河，这也是对威尼斯进行最后的巡礼。

飞狮

运河岸边的建筑

大商场——里亚托桥

    小马可他们站在汽艇的甲板上，一路观赏大运河两岸的风光。一栋栋宫殿、豪宅，一座座尖顶的教堂从水边掠过。这些建筑有拜占庭式、哥德式、文艺复兴式、巴洛克式、威尼斯式等各种风格，色彩各异，美轮美奂，到处都有作家、画家、音乐家留下的足迹。

"快看，那就是里亚托桥！"米罗指着一座横跨大运河的大桥喊道。他告诉小马可，里亚托桥是威尼斯另一座非常著名的桥，它是文艺复兴风格，全部用白色大理石筑成，很长很宽，桥两头用一万多根插入水中的木桩支撑；桥上建有亭阁，许多店铺排列在桥上。

　　"这桥还是个大商场啊？真新鲜！"小马可说。

　　"是啊！"米罗说，"里亚托桥最早是一座浮桥，建于1181年，名叫'钱币桥'，原本就有做买卖的功能。现在这座华丽的石桥于1591年完工，设计者是安东尼奥·达·庞特。那个时候，它还成为了欧洲的商业中心呢！"

　　汽艇从桥下的拱门通过，很快就接近S型大运河的尾段，威尼斯水上之游就要结束了。小马可有点意犹未尽。他恋恋不舍地问米罗："下一站去哪儿？"米罗说："去德国啊。我虽然不能陪你了，可我把你介绍给好驴友——米夏，他正在海德堡等着你呢！"

本文图片提供：阿真

海德堡的药房博物馆

海德堡在德国巴登符腾堡州的东北角。正如米罗所说，小马可一来到这座美丽的古堡，就见到了热情而又博学的德国小驴友米夏。

米夏带领小马可在这座建于13世纪的古堡里参观。他介绍说，海德堡的建筑融合了歌德式、巴洛克式及文艺复兴式三种风格，是德国文艺复兴时期的代表作。第二次世界大战时，德国许多城市都受到盟军的轰炸，海德堡却很幸运，古城风貌完好地保存了下来。

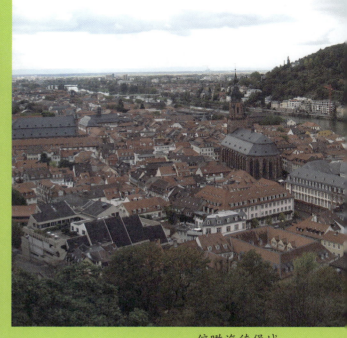

俯瞰海德堡城

像个中药铺子

他们在这座红褐色的城堡里转来转去，参观了音乐厅、玻璃厅、伊丽莎白门等建筑物，看了古堡正门上披着盔甲的武士队雕塑、中央庭院的喷泉和花岗岩柱，最后，来到一个地窖门口。

刚才在地下酒窖里，小马可看到一个能装28万升啤酒的大酒桶，这个地窖里会是什么东西呢？小马可边顺着地窖的楼梯往下走，边在心里纳闷。米夏似乎看出他的心思，神秘地冲他挤挤眼："这里是不会让你失望的！"

哇，是药房哎！小马可一下子似乎回到了中国，他们来到一个超大型的中药铺子——这里到处都是排满一个个小格子的大药柜，架子上摆着各式各样大大小小的瓶瓶罐罐。但仔细一看，这里又和中药铺子不大一样，这是怎么回事？

"这是世界上独一无二的药房博物馆啊！它展示的是德国 16 世纪到 18 世纪医药发展的历史。你看到的这些，都是当时的草药、香料和制药工具。"

哦，小马可这才知道，不只中国有草药，欧洲的医药，也是从古代的草药发展而来的。

米夏介绍说，这个博物馆的藏品，大部分来自海因里奇博士的私人收藏。1938 年在慕尼黑建了药房博物馆。但那时正值"二战"，1943 年博物馆被严重摧毁，好在馆藏已转移了出来。1957 年，德国药房博物馆正式迁入海德堡城堡内。

在那些整整齐齐的药柜前，是一个个高大的柜台，柜台上摆着精巧的天平和造型各异、精美可爱的小瓷罐、小陶罐、小玻璃瓶，不用说里面都是各种各样的药。米夏说，这就是药物收藏馆。博物馆的一个主题就是"药房和药剂师职业的历史"，原样复制了一家来自毕德迈雅时

药房

代的药房及几个来自各个时期的售药柜台。他还说，那时的药，分别来自矿物、植物和动物，甚至有独角兽或者木乃伊这样的万能药。真刺激！小马可没看见什么独角兽、木乃伊，倒是一抬头，看到柜台上方吊着一条做成标本的大鳄鱼，正龇牙咧嘴地对他笑呢！傻兄弟，都做成一味药了，你还笑得出来？小马可心想。

牛顿·太上老君·炼金术

一个区域像是制药的作坊，小马可在那看到碾药的石臼、切药的铡刀、捣药的铜罐和称药的大秤，那秤盘上，还满满地盛着草药，似乎刚才制药工人还在这里劳作。而在另一个地方，小马可看到几台制药机，是用金属和木头制成的，磨药粉和压制药片已经用上了轮轴和杠杆原理，体现了那个时期的工业水平。

实验室

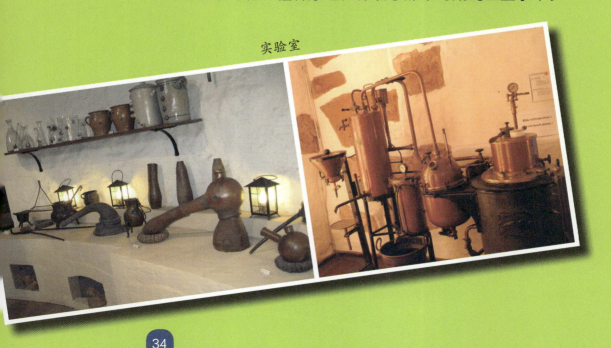

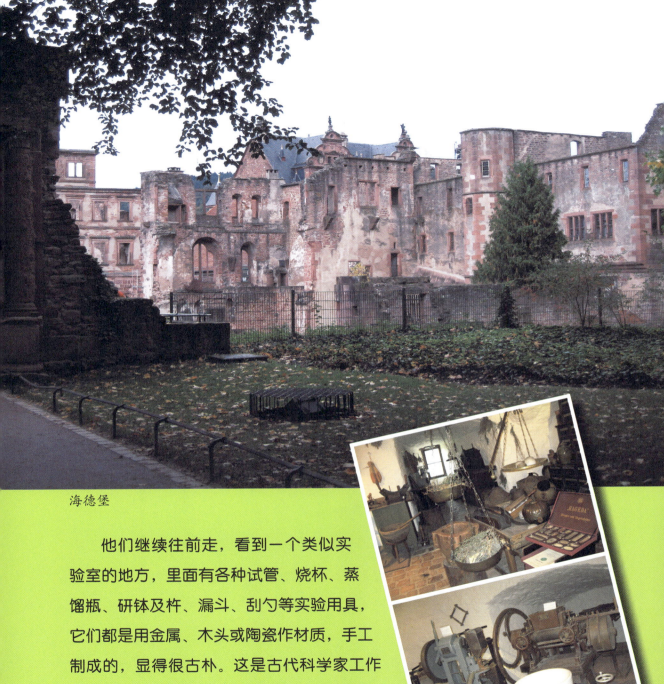

海德堡

　　他们继续往前走，看到一个类似实验室的地方，里面有各种试管、烧杯、蒸馏瓶、研钵及杵、漏斗、刮勺等实验用具，它们都是用金属、木头或陶瓷作材质，手工制成的，显得很古朴。这是古代科学家工作的地方，现代医学就是从这里开始发展起来的，小马可肃然起敬。

　　米夏见小马可对这个实验室很感兴趣，凑

制药作坊

上来对他说："你知道吗？这里不仅是一般的医药实验室，还是一间中世纪的炼金术实验室呢！"

哦，小马可一听更来兴趣："炼金术？"

米夏道："简单说吧，炼金术是化学的老祖宗。古代人想求长生，就通过种种尝试，想用化学方法把一些金属炼成黄金，制造万灵药和长生不老药。19世纪以前，在世界上许多国家都有炼金术，包括牛顿在内的一些著名科学家，都曾进行过炼金术的尝试。"

"噢，我知道了。我国古代《西游记》里的太上老君炼长生不老的'金丹'，不就是炼金术吗！"小马可恍然大悟。

"可是，随着近代化学的出现，人们对炼金术产生了怀疑。到了19世纪，炼金术已经被科学证据否定了。"

"我猜猜，你想说的是：尽管炼金术的希望破灭了，但它在古代，也是人们对科学的一种探索，对吗？"

"不错，我正是这个意思！"

小马可又仔仔细细观察了地窖里的实验设备，想象着太上老君和牛顿在炼丹炉前挥汗如雨的样子，不禁开心地笑了。

本文图片提供：阿真

远眺新天鹅堡

童话城堡里的"高科技"

自从参观了海德堡，小马可对德国的古城堡产生了浓厚的兴趣。不断用微信向米夏问这问那。米夏回信说："世界上没有哪个国家，像我们德国这样拥有这么多的城堡，到目前为止有14000座呢！在这许多城堡中，最著名的要属巴伐利亚州的新天鹅堡了。新天鹅堡是德国的象征。小马可，我一定要带你去看看！"

小马可早就听说，新天鹅堡也叫白雪公主城堡。迪斯尼乐园的睡美人城堡，灵感就来自新天鹅堡。2006年由世界著名建筑师和文化界人士投票评选"世界新七大奇迹"，21个候选名单中，就有新天鹅堡。现在有米夏作向导，还等什么？

两个孩子来到慕尼黑以南的阿尔卑斯山麓。这是一个仙境般的地方——连绵不绝的群山，无边无际的原始森林，绿草茵茵的山坡上，漫步着成群的牛羊。终年积雪的阿尔卑斯山脉，围绕着一个个平静清澈的大湖，湛蓝幽深的湖水映照着天上的白云。这里处处藏着有魔法、国王、骑士的古老民间传说，真是一个产生童话的地方。

准备进山的马车

跟着人走的讲解器

他们从山下的菲森镇，乘坐两匹马拉的观光马车上山，沿着陡峭的山势，来到这座耸立在高山上的白色城堡。城堡外挂着大钟和计时器，买了票的观光客，按规定时间分期、顿号分批地进入古堡参观。在入口处，每个人领到一个能说不同语言的讲解器，小马可当然领的是中文的。他学米夏的样子，把听筒对着耳朵，讲解器里传出一个好听的男中音：

"……这座城堡的建造者和主人，是19世纪巴伐利亚国王路德维希二世。这个皇帝没有治世之才，却充满艺术气质。他亲自参与设计这座城堡……

路德维希二世一生孤寂，不是面对政治密谋就是人身攻击。为了躲开让他讨厌的一切，他在巴伐利亚山区这个让他感到快乐和自在的地方，建了这座城堡。这是一个梦幻世界，一个美的世界……"

听着听着，声音没了。米夏叫他别停下脚步，跟着往前走。他告诉小马可，新天鹅堡一共拥有360个房间，但是并未完工，只有14个房间进行了装修。目前堡内只有6处对游人开放。

他们来到二楼。

"这里叫'红色的回廊'，路德维希二世的肖像是后来摆放在这里的。大家往左边看，这一排是仆人房，两人一间，有成套的橡木家具……"讲解器又响了起来。小马可纳闷：这讲解器怎么知道我们走到哪儿了，怎么能正好在我们到这里时开始解说呢？米夏笑着解释说："这种讲解器运用了传感器探头和语音控制电路技术，能传感到客人的行踪，在适当的位置自动开启讲解。"小马可看到来自不同国家的人们各自手持自己的讲解器，静静地听，边听边看，谁也不干扰谁。这真是古老城堡和现代科技的完美结合，他想。

高科技还不止这些

他们来到四楼。"这是国王的起居室。大家看，国王的床盖是木制的，上面有哥德式的精致雕刻。再看顶棚、壁板上，雕刻

新天鹅堡

新天鹅堡后部

的是瓦格纳作品里中世纪的传说人物——亚瑟王的圆桌武士崔斯坦，圣骑士罗安格林，纽伦堡的名歌手等，这些精美的雕刻，14位雕刻家用4年的时间才完成。窗户、床罩和椅背使用深蓝色的布料和金色的刺绣，这都是路德维希二世所喜爱的颜色，也是巴伐利亚王族的代表颜色……"

国王的起居室与勤务室之间，有个人工钟乳石洞。"这是汤霍瑟传说中的爱神维纳斯的洞窟。内有小瀑布与水池，并采用当时尖端科技的电灯及回转式的彩色玻璃。本来预定制作梦幻式的照明，可惜未能完工……"小马可想象着这些19世纪的"高科技"，觉得真有点不可思议。

他们来到15米高、20米长的"国王的宫殿"。马赛克地板上，描绘了如地球形状的椭圆，上面是动物和植物的图案。宫殿的圆顶则象征着天空中与太阳同向移动的星星，由黄金色的黄铜板所制造的枝状灯架，尖锐的形状很像拜占庭的王冠。

他们又来到富丽堂皇的歌剧大厅，这是专为伟大的歌剧作曲家瓦格纳建造的。路德维希对瓦格纳的音乐十分迷恋，不惜耗尽财力、物力大兴土木建造这座城堡。讲解器又响了："孤独的路德维希，经常一个人坐在这华美的演出大厅，命人点亮600支蜡烛，憧憬上演瓦格纳歌剧的盛况。"遗憾的是直到现在，似乎也没有演出过一场。

对路德维希二世来说，天鹅象征着纯洁。因此新天鹅堡的日常用品，从帷帐、壁画、门把手到浴盆，就连盥洗室的自来水龙头，到处都装饰着天鹅的美丽形状。

堡内的生活用水，是在 200 米高的山谷中，建造蓄水池，储存石缝中流出的清水，利用自然的水压，提供包括顶层在内全堡的用水。寝室里就设有天鹅形状的送水装置，一转动水龙头，就有清水自水龙头流出。

在这寒冷的高山上，城堡是怎么取暖的呢？原来，厨房内侧设有锅炉房，向整个宫殿供应暖风。在严寒的冬季只有暖风还不够，另外设置了卷吊装置，将暖炉的燃料送到各个楼层。所以说新天鹅堡不仅充满了艺术气氛，科技方面在当时也是领先的。

不幸的浪漫国王

据说新天鹅堡从设计到完工，总计花费了 620 万马克。因为修建城堡耗资巨大，在路德维希二世移居堡内 3 个月后，就因为各方的不满而被迫下台。

这位浪漫国王的一生却是充满悲剧。他暗恋自己的表妹、奥地利皇后茜茜公主，终生没有结婚。在 41 岁那年，他被宣布患有精神病，之后不久，人们在附近湖中发现了他的尸体。

有趣的是，在他生前备受指责的新天鹅堡，如今却成为德国热门的旅游景点之一。世界上已有逾百万的人参观过这个梦幻城堡，旅游成为这个小镇的主要收入来源。

今天能看到这么美丽、神奇的古堡，真要感谢那位不幸的国王呢。在回来的路上，小马可想。

本文图片提供：阿真

亚洲篇

RENWEN LVXING

土楼可不是只供人参观的老古董。几百年来，客家人祖祖辈辈就生活在这里，团结友爱，和睦共居，一直到今天，它还是当地山民温馨和谐的家园呢！

小马可来到福建，在永定县和厦门小驴友阿强会合。阿强说，要带他去看看闻名天下的福建土楼。

土楼？小马可想起刚刚看过的电视剧《野鸭子》。女主人公"野鸭子"的家乡，就是全村人住在一个又圆又大、围在一起、像碉堡一样的土楼里。

他们的车在崇山峻岭里穿行，阿强给小马可讲了个趣事：20 世纪 80 年代，美国中央情报局看到间谍卫星拍的土楼照片，猜不透这是什么东西，还以为是核弹发射井呢。为了探究其中的秘密，他们派出一对夫妇伪装成游客，来到福建永定县调查，这才发现那些蘑菇云般的"发射井"，原来是历史悠久的山区民居土楼。

绝无仅有天地间

奇特的建筑

他们来到下洋镇初溪村，在海拔 400～500 米大山深处的山腰上，有一个由五座圆楼和数十座方楼组成的大土楼群。这里的景色特别迷人：一条清澈的小溪从土楼群前穿过，流水潺潺；从高处望去，一大片黄墙青瓦的土楼依山傍水，错落地分布在群山之间。

阿强带小马可走进一座号称最古老的土楼——集庆楼，它已经有 600 年历史了。集庆楼是座圆形土楼，建于明永乐年间。它坐南朝北，占地 2826 平方米。孩子们发现，土楼里面有内外两个环，大圆土楼里套着个小圆土楼，小圆土楼里还有一组房舍，沿中轴线依次是门厅、天井、祖堂、后院。阿强说，你数一数，土楼里有多少个房间？小马可遵命，楼上楼下地数了起来。原来，这座土楼共分 4 层，每层 53～56 个房间，底层作厨房和饭厅，二层是粮仓，三层以上为卧室。阿强告诉小马可，土楼的结构一般是"内通廊式"，也就是大走廊直通每一个房间。可这集庆楼和其他土楼不同,全楼用 72 个楼梯分割成 72 个单元,被称为"楼梯最多、最奇特的土楼"。

福建土楼很多,有三万多座呢,他们只能挑最典型的去看。在前往洪坑村的大巴上,小马可问阿强,为什么福建人要建造土楼这么奇特的建筑?

客家人的杰作

阿强回答说,土楼是福建的客家人修建的,所以又称"客家土楼"。要了解土楼,先要知道什么是"客家"。

河坑土楼群

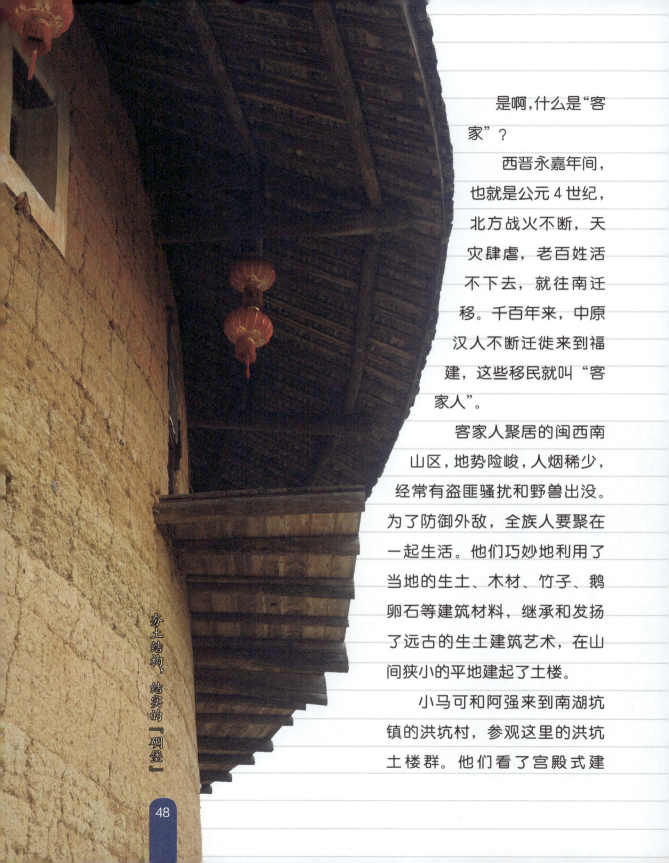

是啊,什么是"客家"?

西晋永嘉年间,也就是公元4世纪,北方战火不断,天灾肆虐,老百姓活不下去,就往南迁移。千百年来,中原汉人不断迁徙来到福建,这些移民就叫"客家人"。

客家人聚居的闽西南山区,地势险峻,人烟稀少,经常有盗匪骚扰和野兽出没。为了防御外敌,全族人要聚在一起生活。他们巧妙地利用了当地的生土、木材、竹子、鹅卵石等建筑材料,继承和发扬了远古的生土建筑艺术,在山间狭小的平地建起了土楼。

小马可和阿强来到南湖坑镇的洪坑村,参观这里的洪坑土楼群。他们看了宫殿式建

夯土结构,结实的「碉堡」

筑——奎聚楼，府邸式建筑——福裕楼，还有土楼里最"洋"的一座，被称作"土楼王子"的振成楼。

在奎聚楼，小马可摸着那足有两米厚，无比结实的围墙，感叹道："这可真像一座坚固的城堡啊！"

"是啊！"阿强说："土楼的墙是将未经焙烧的沙、黏土按一定比例混合，用夹墙板夯筑而成的，1～2米厚，特别结实。土楼里的木结构，都是靠榫头衔接，不用一枚铁钉。由于土楼具有节约、坚固、通风采光好、防御性强等特点，又非常美观，被称为'东方古城堡''世界上独一无二的、神话般的山区建筑模式'！"

离开洪坑，他们又来到南靖县书洋镇上坂寮村，参观那里的田螺坑土楼群。小马可问，我们在永定已经看了不少土楼了，这田螺坑土楼有什么特色啊？

田螺坑土楼内景

阿强说："你听说过'四菜一汤'吗？画家、摄影家的土楼作品里，都少不了它呢！"

他们爬上高山，向下俯瞰，只见东、西、北三面环山，

南面为大片的梯田，5座土楼像一朵梅花似地分布在山间，一个方形土楼居中，像是花蕊；4座圆形土楼环绕其上下左右，像是花瓣儿。"也不知谁这么有创意，把这朵梅花看成了饭桌上的'四菜一汤'。唔，不过，倒还真像！"小马可啧啧叹道。

"我再带你看个有特点的！"阿强说着，把小马可带到下坂寮村，走进一座叫"裕昌楼"
的圆形土楼。"看出这座土
楼的特别之处了吗？"阿强
问。小马可仔细观察，发现
这座 5 层的土楼，楼间栏杆
都是倾斜的，或左或右或前
或后，相依相靠相接相连。
"它叫东倒西歪楼，"阿强说：
"不知从何时开始，也不知

东倒西歪楼

什么原因，总之它就一直这么歪斜着。但它不是胡歪乱斜，你看，
所有柱梁都朝着不同方向有分寸而又恰到好处地倾斜，相互牵制，
历经数百年风雨也不倒塌，神奇吧？"

温馨和谐的家园

　　小马可当然觉得神奇了。可很快，他又被土楼坪院中的农家
生活吸引住了：一群肥母鸡和几只番鸭正在花草间啄食，一条大
狗懒洋洋地躺着晒太阳。农妇们正忙着洗菜淘米，为家人准备午
饭。他看到，每家底层厨房内靠灶台边都有一口水井，井深仅一米，
泉水丰沛，用长水瓢就可舀取。一位大婶随手舀了一瓢水递给小
马可，他喝了一口，凛冽甘甜，别提多爽了。

　　他还看到，几位老人家正坐在门廊里，悠闲地谈天说地，两
位年轻人正挥舞木槌，在使劲捶着什么。"那是在做土楼特产的

土楼内的水井

木槌酥糖，用花生、核桃、芝麻等原料，要砸上千百锤才好吃呢！"制糖的姐姐说着，递过来一块花生酥，果然是又酥又香。

"小马可，你看到了吧，这土楼可不是只供人参观的老古董。几百年来，客家人祖祖辈辈就生活在这里，团结友爱，和睦共居，一直到今天，它还是当地山民温馨和谐的家园呢！"

小马可点着头，猛然看见内楼厅堂上贴着一首诗，是著名建筑专家郑孝燮写的："绝无仅有天地间，外如城堡内家园；中原几度经战乱，聚族迁居千百年。远山近水土圆楼，隔壁残垣且伴留；耕读传家犹传世，诗情画境何悠悠。"

本文图片提供：阿真

最早的跨海大桥

"洛阳桥有什么特别之处吗？"小马可问。

阿强说："可别小看福建泉州的洛阳桥，它与北京卢沟桥、河北赵州桥、广东广济桥并称为中国四大古桥；它还是我国现存最早的跨海梁式大桥呢！"

"你听说过'海上丝绸之路'吧？"阿强接着说："在古代，泉州是'海上丝绸之路'的起点，是一个国际大港，与外国的经济贸易往来特别繁盛。所以，洛阳桥这个架设在入海口的我国第一座海港大石桥，就显得特别重要。它是我们国家最早对海外开放的一个象征呢！"

听阿强这么一说，小马可来了兴趣。他和阿强来到泉州城东的洛阳江入海口，远远望去，只见一座白色花岗岩的大石桥横跨在洛阳江与泉州湾的交汇处，就像蛟龙卧在海面，十分壮观。

他们走上桥面，只见桥头上有漂亮的白塔、石狮子、武士石像，还有一块碑，上面刻着洛阳桥的由来。

桥梁状元——洛阳桥

小马可和阿强参观完土楼，乘高铁来到福建泉州市。阿强说，这里有座洛阳桥很有名，我们去看看吧？

慢，慢！小马可说，洛阳不是远在千里之外吗，怎么洛阳桥跑到泉州这里来了？

阿强说，说起这泉州，和洛阳还真有点关系呢。传说西晋末年的"永嘉之乱"，使社会动荡不安，大批中原的汉人逃到福建避难。河南洛阳有许多人，迁到泉州沿江的万安渡口一带安居。他们身在闽地，怀念中原、怀念故土洛阳，就把这条江叫作洛阳江，这样一来，建在江上的桥也就叫洛阳桥啦。

造桥的故事

时间回到一千多年前的宋代。那时没有桥，人们渡河完全依靠船只。洛阳河河宽 2500 米，风急浪高，波涛汹涌，常常连船带人一起翻入河中。人们为求平安，就给洛阳古渡取名为"万安渡"。

当时的泉州知府蔡襄，决心建造一座大桥，便利交通，保民平安。但在当时的条件下，要在如此险要的地方建造一座横跨江面的大桥，是非常困难的。首先一个关键问题是，水深流急浪大，怎样建造桥墩呢？建桥的工匠非常聪明，他们想出了办法：先沿

远眺洛阳桥

着桥梁的中线抛下大量的大石块，形成一条横跨江底的石堤，再在上面建造桥墩。为了巩固桥基，他们又把数以万计的牡蛎养殖在桥基石与桥墩上。牡蛎有很强的附着力，繁殖也很快，它们像现代抹水泥一样，把桥基和桥墩胶结成了牢固的整体。

听着阿强的介绍，小马可走近桥墩处细细观看，果然见到上面密密麻麻地趴满白色的牡蛎。"古代工匠真了不起哇！"他赞叹道。

"是啊，这叫'牡蛎固基法'，是世界桥梁史上的一个创举。它开创了把生物学应用于桥梁工程的先例呢！"

桥墩上的牡蛎

小马可站在大桥上，朝下面仔细观望。他又发现，这洛阳桥桥基的造型也很特别，它们像一条条小船，整齐地停泊在江中。"真好玩儿！"小马可叫了起来。

"修船形桥基可不是为了好玩儿，"阿强说："它的学名叫'筏型基础'，船头对着海水这面，

船形桥墩

有利于分水，能减少水对桥体的冲击力。"

说着说着，他们走到了桥的南边，这里有个蔡襄庙。原来这造桥的蔡襄，还是一个传奇人物呢。当地老百姓传说，蔡襄是文曲星下凡到了人间。他自幼聪明好学，加上他母亲教子有方，常常教导蔡襄要为民行善解难，因此蔡襄从小就立志造桥。他18岁进京考中状元，不久就申请返乡，当了泉州知府。于是，他筹集资金，招募能工巧匠，开始了浩大的造桥工程。

可是，造桥基遇到很大的困难，蔡襄为此寝食难安，日思夜想。

一天睡梦中，突然梦见观音大士指点他向海龙王求助。醒来后蔡襄十分惊奇，便给海龙王写了一封求助公文，问手下衙吏："谁人下得海？"一个衙吏随即答道："小人夏得海！"原来这人姓夏名得海，以为老爷叫他，就随口答应。于是，蔡襄便派他前往海龙王处投递公文。夏得海心想，去见海龙王还能回来吗？就告别了妻子，买一壶酒喝得酩酊大醉，躺在海滩上，想让潮水把他卷走。谁知一觉醒来，黄色的公文袋变成了红色公文袋，他连忙回来交给蔡襄。蔡襄打开一看，只见上面写着一个"酉"字。他苦苦猜想，终于领悟了海龙王的启示，就在当月廿一日酉时动工。果然此时海潮退落，三天三夜不涨潮，桥基终于顺利砌成。

当然，这只是个故事，不能当真。可这蔡襄确实了不起。除了为民修桥外，他还是宋代著名的书法家呢。他的书法作品被收藏在我国台北的故宫博物院里。

蔡襄庙里有蔡襄的塑像，中间亭子里，还有蔡襄手书的《万安桥记》碑刻（洛阳桥也叫"万安桥"）。这座碑连同洛阳桥上的许多宋代摩岩石刻，都是非常珍贵的历史文物。

武士石像

阿强告诉小马可，建洛阳桥在当时可是个十分艰巨的工程。从1053年开建，历时6年零8个月，耗费了一万四千多两白银，才于1059年建成。初建成的洛阳桥，长1200米，宽5米，有桥墩46座，两侧有500个石雕扶栏。

以后，洛阳桥历经千百年风雨剥蚀、战火、洪水，变得破败不堪了；而且由于当初建桥资金有限，桥的高度不够，每逢洪水，桥面经常被淹没。所以历史上曾有过三次大规模的重修。一次，相传为泉州富商李五出资修建，另一次是蔡廷锴率领十九路军修建

桥头石塔

的。而现在我们看到的洛阳桥,是 1993 年国家拨巨款重新修葺的。今天的洛阳桥,桥身长 834 米,宽 5 米,高 7.3 米,有 44 座船形桥墩、645 个扶栏、104 只石狮、7 座石塔,1 座石亭子。我国著名的桥梁专家茅以升称赞它说:"洛阳桥是福建桥梁的状元。"

本文图片提供:阿真

疑是金龙落群山

"小马可，你知道梯田吧？"广西小驴友布陇和小马可在微信上聊天。

"当然知道了。我在好多地方的山区农村都看到过梯田呢。"小马可答。

"可是这样的梯田你见过吗？一座连一座的高大山峰上，层层叠叠的梯田像潮水般地涌起，以排山倒海之势向我们奔腾而来，组成一个规模宏大、如诗如画的梯田群。"

"布陇，你是在作诗吗？"

"这就是我们广西龙胜县的龙脊梯田啊！现在正是龙脊梯田最美的时候，你不来看看就太遗憾了！"

梯田好似登天梯

小马可立刻买票，乘高铁到桂林与布陇会合，一起来到龙胜县龙脊镇。

他们到了平安村，司机把汽车停在村边的停车场，小马可和布陇就徒步往大山上攀去。经过"大界千层天梯"，只见层层的梯田像楼梯一样直砌云端，好比是登天的梯子。他们登上龙脊山的

瑶寨民居

最高峰——海拔 1918 米的福平包，极目远望。布陇说，这里是观赏龙脊梯田的最佳点，方圆 40～50 平方千米的梯田景观在这里都能尽收眼底。

小马可觉得太开眼了——只见周围一座又一座大大小小的山峰，都被层层叠叠的梯田覆盖。梯田整齐有序，线条丰富多彩，尤其是那些长长的曲线和波浪线，好像是天上飘落的彩带。有些小山沿着山体的形状修满一圈圈的梯田，像宝塔一样；有的梯田连成片，造型就像山鹰展翅；有的梯田是几个小山包围着一座大一点的，恰如七星伴月；有的梯田把山峰环绕成一只只巨大的螺蛳；有的像一把半摺半开的巨扇；有的梯田是带状形，层次很丰富，带有音乐般的美感。从远处望过去，在阳光下，一层层梯田就像一道道闪光的鳞片，把连绵起伏的龙脊山装点成了一条活灵活现通体金色的巨龙，

梯田

真是太美了！

"我真没想到，本来是种稻子的农田，却有这么壮丽的景象！"

"它是当地壮族和瑶族农民的杰作。从元朝就开始修建，到现在已经有 650 多年的历史了！"显然，布陇来之前查了大量资料，所以说起龙脊梯田来，还真像个小专家呢。

他说，龙胜红瑶的祖先是从湖南洞庭、五溪一带迁徙来的，他们从家乡带来了种植水稻的先进技术。现在大寨村学校门前的那块梯田，就是红瑶祖先最早开垦最早收割的地方，那是一块始祖田。

小马可想象着，六七百年以前，最早到达龙脊山的壮族和瑶族农民，面对横亘在面前的荒凉的大山，是怎样咬紧牙关，用最原始的刀耕火种的方法，开垦出一块块梯田的。

梯田收获了香香的稻米，而农民的子孙，接过父兄手里的锄头，日复一日，年复一年地在这里开山造田。一块又一块梯田连成了片，覆满了山，连绵的荒山变成富庶的良田。他们一干就是几百年。

布陇还给小马可讲了个故事：相传当地曾有一个苛刻的地主，一天，地主对他的农夫说："今天一定要耕完 206 块田才能收工！"可农夫耕作了一整天，数来数去就只有 205 块田。没办法，他只好

通向瑶家寨子的山中栈道

拾起放在地上的蓑衣，准备回家，谁知竟惊喜地发现，最后一块田就盖在他的蓑衣底下！

可以想象，这广袤的梯田，凝结了世世代代农夫们的多少汗水啊！但是农夫们不会想到，自己用血汗开出来的梯田，竟然同时成就了一个伟大的艺术杰作。如今的龙脊梯田，已成了各地画家和摄影爱好者搞艺术创作的胜地，也成了各地旅行家、驴友们向往的胜地。

像是桃花源

"龙脊梯田一年四季的景色都不同，都有令人陶醉的神韵，但以五六月份最美，你知道为什么吗？"布陇问。

"是不是因为，这时候的梯田已经灌满水了啊？"

"你说对了，小马可！梯田灌水是从每年的四月份开始，到五月份就灌满了。灌水以后，一层层的梯田波光粼粼，亮闪闪的，就像明镜反射着太阳的光泽；天上的白云倒映在田里，像覆盖着皑皑白雪，别提有多美了！"

"而且，灌水季节也是耕种的季节。每到这个时候，梯田都充满了活力。农民们就开始赶着牛儿在狭窄的稻田里耕地，接下来就要开始插秧了。"

"我正要问你呢，这么大的梯田怎么灌水啊？"

"就用山顶上的泉水往下灌啊。一代又一代的农民，早在山顶之间、在山与山之间修好了水渠，引泉水灌溉梯田。梯田错落有致，灌满一层自然流到下一层。"

"劳动者真了不起！"小马可赞叹道。

"除了看梯田和高山、森林、云海外，咱们在这里还能感受地道的民俗——吊角木楼、壮瑶山歌、民族服饰、醇香米酒，构成了龙脊梯田独特的民族文化。"

布陇接着说："尤其是，当地至今还保留着淳朴的民风。走进瑶寨、壮寨，经常可以看到一些农民主动筑路架桥，不计报酬；人们都敬爱老人，寨上如有红白喜事，凡是寨中的鳏寡老人，无论亲疏都请来赴宴，不收礼物；路遇老人，更是请长者先行。在

壮族寨子

日常的生产活动中，他们也还保持着帮工、换工的方式，比如：哪家盖房子劳力不够，寨子上的人们都会主动前来帮忙；当你有困难需要别人来帮工时，大家也会主动来。这种帮工不用付报酬，只招待吃饭就行。另外，他们还完好保留着互借互助，物不乱取等良好的民风，各个民族间也能和睦相处，不起冲突。"

"这不是有点像陶渊明笔下的'桃花源'吗？"小马可说。

本文图片提供：武宁

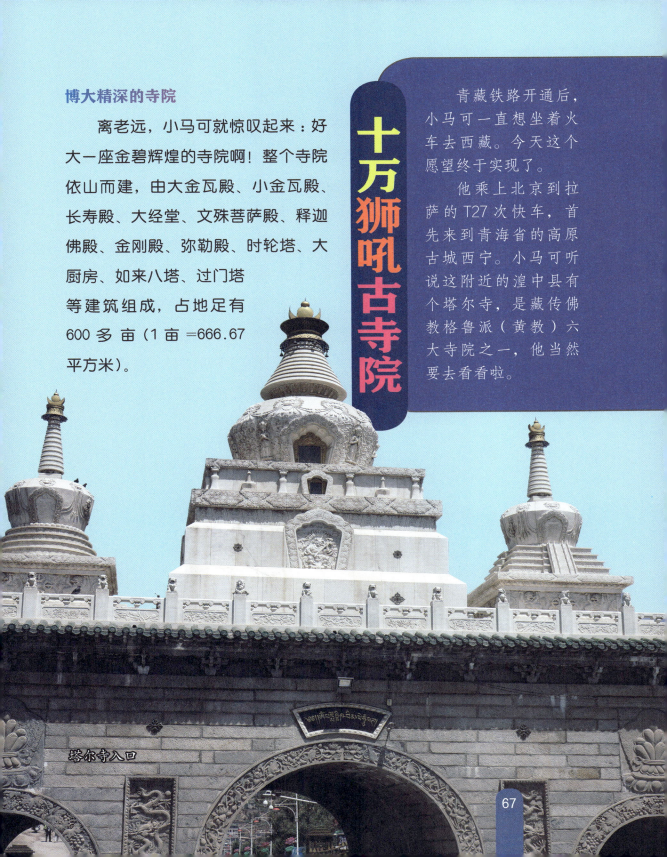

博大精深的寺院

离老远，小马可就惊叹起来：好大一座金碧辉煌的寺院啊！整个寺院依山而建，由大金瓦殿、小金瓦殿、长寿殿、大经堂、文殊菩萨殿、释迦佛殿、金刚殿、弥勒殿、时轮塔、大厨房、如来八塔、过门塔等建筑组成，占地足有600多亩（1亩＝666.67平方米）。

十万狮吼古寺院

青藏铁路开通后，小马可一直想坐着火车去西藏。今天这个愿望终于实现了。

他乘上北京到拉萨的T27次快车，首先来到青海省的高原古城西宁。小马可听说这附近的湟中县有个塔尔寺，是藏传佛教格鲁派（黄教）六大寺院之一，他当然要去看看啦。

塔尔寺入口

寺院派小僧洛桑充当小马可的临时导游。洛桑告诉小马可，塔尔寺是黄教创始人宗喀巴的诞生地。明洪武十二年（1379年），宗喀巴的母亲为纪念宗喀巴降生，在这里建起一座莲聚塔，并修建一座瓦屋覆盖塔身，这就是最早的塔尔寺。相传在宗喀巴出生的地方曾长出一棵菩提树，树上长有十万片叶子，每片叶子上都出现一尊狮子吼佛的形象。因此塔尔寺在藏语称"衮本贤巴林"，意思是"十万狮子吼佛像的弥勒寺"。

洛桑自豪地说，塔尔寺是一个汉藏艺术相结合的宏伟壮丽的建筑群。

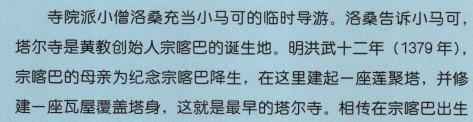

塔尔寺中的白塔

寺内设有显宗、密宗、天文、医学四大学院，显宗、密宗学院是高级僧侣专门研究佛经教义的地方，天文、医学两院是培养藏族、蒙古族优秀科技人才的学府。寺内珍藏了大量佛教典籍和历史、文学、哲学、医学、立法等方面的学术专著。

"我现在刚开始学习，这些典籍够我学一辈子的了！"

听洛桑这么说，小马可不禁吐了吐舌头，露出佩服的神情。

转经塔

塔尔寺转经轮

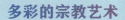
塔尔寺的酥油花

多彩的宗教艺术

　　"咱们还是看看塔尔寺的艺术吧！堆绣、壁画和酥油花，是寺中的艺术'三绝'。"洛桑边说，边带小马可来到一组酥油花前。用酥油雕的各种佛像、人物、飞禽走兽、树木花卉、亭台楼阁和宗教、神话故事等，个个造型生动，形态逼真。

说起酥油花也有一段故事。相传在唐贞观十五年（641年），文成公主与松赞干布联姻时，文成公主从京城长安带去一尊释迦佛像，信徒为了表示敬意，在佛像前供奉了一束酥油花。从此，供奉酥油花就成了藏族人民的习俗。经过塔尔寺艺僧的苦心钻研，酥油花成为寺中独有的一种高超的油塑艺术。每年农历正月十五，是塔尔寺一年一度的酥油花灯会。届时，喇嘛们将精心制作的酥油花摆到寺外广场上，供成千上万的人前来观赏。

　　那是多么壮观的景象啊！小马可想象着。

　　除了酥油花外，洛桑还向小马可介绍了墙上栩栩如生的壁画和绣在布幔上的立体堆绣，都令小马可称赞不绝。

　　"小马可，你来得巧，九月的法会还没有结束！"

塔尔寺一景

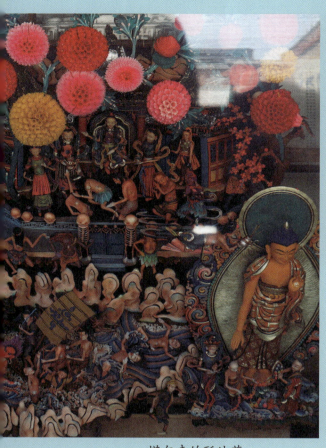

塔尔寺的酥油花

塔尔寺的壁画

原来，每年农历正月、四月、六月、九月，塔尔寺都要举行法会，也叫观经大会。在法会期间分别举行祈愿颂经、跳神舞、晒大佛等宗教活动，盛大的场面特别震撼人心。这天下午正好有一场法王舞的跳神仪式。

寺院里挤满了看跳神的人。下午一点，鼓声嘭嘭，钹声嚓嚓，长喇叭声高亢，各种乐器同时奏响。只见从门帘后出来一个头戴面具，身穿装饰着各种各样布条的鲜艳服饰的僧人，他边走边做出各种不同的佛教象征手势。紧跟他后面窜出四个骷髅模样的小鬼，白衣白裤，腰间系蓝色花边的红围裙。小鬼们手舞足蹈，表演得风趣诙谐，一点不像恐怖的骷髅，不让人感到害怕。洛桑说，他们都是寺里的小童僧扮演的。

　　下一场，先是一群活泼可爱的小鹿在场上奔跑跳跃，接着，鼓钹齐鸣，法王"大威德金刚"出场了。他右手握降魔杵，左手持一碗，上身挺立，稳健地缓缓走入场内。紧接着做隆重的"抛哇"仪式，象征降伏了群魔。最后，法王率领众神一同起舞，四周观看的人们纷纷将手中的哈达扔到场中，争着向法王顶礼膜拜，气氛达到了高潮。

　　洛桑告诉小马可，这些舞蹈都有严格的程式，穿的服饰，戴的面具，表演的舞姿，都有要求，代表着深邃的宗教文化。

　　看完法王舞，小马可依依不舍地告别洛桑，登上列车向雪域高原的下一站驶去。

本文图片提供：武宁

过唐古拉山口

小马可乘火车沿青藏铁路继续前行，邻座是藏族孩子小嘎巴。两个孩子一见如故，一路神聊，转眼过了沱沱河。再向南走203千米，就来到全青藏线的最高点——唐古拉山口。

"翻过唐古拉，就到西藏了。这个山口是青海西藏两省的天然分界线！"听小嘎巴这么说，小马可不禁有点激动。列车停在海拔5068米的唐古拉车站，两个孩子穿好厚厚的羽绒衣，戴上毛线帽，拿好相机、望远镜，走出温暖的车厢，来到小风夹着细雪的车外。

远远望去，唐古拉山笼罩在迷蒙的雾气中。山与天相接，云在山间飘，天显得特别低，似乎一伸手就可以抓到。因此藏民常说："唐古拉，伸手把天抓。"小嘎巴告诉小马可，唐古拉山最高峰海拔6621米，叫做格拉丹东，意思是"高高尖尖的山峰"；还有个姜根迪如冰川，海拔6542米，"姜根迪如"在藏语里是"人越不过去"的意思。格拉丹东雪峰和姜根迪如冰川，是长江的源头。这两个巨大的冰雪山体，是流之不尽，淌之不竭的天然固体水库，它们为长江上游的沱沱河，提供着源源不断的融水。因此有"江河之母"之称。

小嘎巴的知识真丰富啊！小马可庆幸遇到了这位藏族小伙伴。

"看，青藏公路！"小嘎巴向远处指着，欢呼起来。

小马可知道，在青藏铁路修通之前，先有了青藏公路。青藏公路修建于新中国成立之初，是连接西藏和内地的交通动脉。至今唐古拉山口矗立着公路建设者纪念碑，上面五彩缤纷地挂满写着经文的风马旗，它寄托着藏族人民对在这里洒下血汗的工程兵战士的纪念。

唐古拉山口的筑路英雄纪念碑

青藏公路是世界上海拔最高的公路，而青藏铁路是世界上海拔最高的铁路，这两个世界之最从青海出发一路相行相伴，到这里却分手了——公路从海拔与珠穆朗玛峰大本营一样高的唐古拉山垭口 5230 米处通过，而铁路则从公路以西 50 多千米、海拔5072 米处的唐古拉山跨越过去。

两个小伙伴自豪地站在唐古拉山口，眺望远处林立的冰峰。雪停了，一道金色的阳光，照在白雪皑皑的峰顶。那里的积雪终年不化，一座座远古冰川像奔泻的河流，气势磅礴。小嘎巴说，他爸爸曾告诉他，这种自然景观可以用"近看是山，远望成川"来形容。他们还看到，云朵像棉絮一样落在山尖上和山谷中，分不清哪儿是雪，哪儿是云。云朵轻轻移动时，山影也随着变幻，幻化出千姿百态的美景。

"真像是神话中的仙山啊！"小马可不由得赞叹道。

不知是被这美景陶醉了，还是怎么的，正忙着拍照的小马可，突然觉得头晕目眩起来，太阳照射下雪山的反光，使他

唐古拉——"高原上的山"（藏语）

远眺唐古拉山

站立不稳，一个趔趄，险些跌倒。

"小心！"小嘎巴一个箭步上前扶住了他。

小嘎巴一拍脑门："呀，咱们光顾高兴了，忘了这可是海拔5000多米的世界屋脊啊！空气中含氧量只有平地的百分之六十。你们内地来的孩子，一定会有高原反应的。快上车，这列火车上备有吸氧设备，还有抗高原反应的藏药'红景天'，吸点氧，吃点药，再安安静静休息一会儿，就会好的！"

本文图片提供：杨都

雪域高原的圣地——布达拉宫

高原的天是那样的蓝，云是那样的白，阳光是那样的充足，空气是那样澄澈清新，小马可觉得这里的环境非常好。但由于缺氧，内地来的人一下子还不能适应，走路一长，两腿就感到沉甸甸的，上楼梯也会气喘吁吁。他们按导游的嘱咐，做什么动作都是慢吞吞、轻手轻脚的。小马可不禁觉得好笑："怎么宾馆里的人都像是来到宇航员的真空舱里了？"

第二天一早，扎西叔叔接他和其他内地游客去参观布达拉宫。离老远，他们就看到了高高的玛布日山，也叫红山，举世闻名的布达拉宫就坐落在红山顶上。

小马可他们乘坐的列车终于到了终点站——拉萨。小马可和小嘎巴依依惜别，在月台上见到了来迎接他的导游——扎西叔叔。扎西叔叔说，刚来高原，至少要先休息半天，适应一下高原的气候。明天再带他去参观布达拉宫。

布达拉宫一角

79

布达拉宫

布达拉宫依山垒砌，群楼重叠，殿宇嵯峨，气势不凡。它有坚实敦厚的花岗石墙体，有金碧辉煌的金顶，金顶上巨大的鎏金宝瓶、经幢和经幡，交相辉映，形成红、白、黄三种色彩的鲜明对比，在阳光下显得特别美丽。扎西叔叔自豪地说，布达拉宫是世界上海拔最高、最雄伟的宫殿，是藏式建筑的杰出代表，是灿烂的藏文化的象征，也是整个雪域青藏高原的象征。听扎西叔叔这么一说，小马可他们不禁肃然起敬。

他们跟着扎西叔叔，沿着高高的台阶向山顶攀去，一路仰望宏伟神秘的布达拉宫。扎西叔叔介绍说，布达拉宫是公元 7 世纪松赞干布和文成公主成婚时修建的，整个建筑面积大约 12 万

扎什伦布寺里的藏族孩子

平方米，由寝宫、佛殿、灵塔殿、僧舍等 1000 个房间组成。宫殿的主体建筑为红宫和白宫，红宫居中，白宫在两侧。红宫内有历代达赖喇嘛的灵塔和各类佛堂、经堂；白宫高 7 层，是达赖喇嘛的冬宫，也是原西藏地方政府的办事机构所在地。

经幡和刻经板

色拉寺的辩经

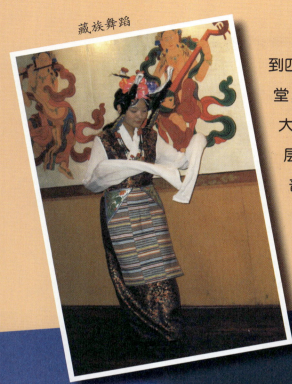
藏族舞蹈

他们跟着扎西叔叔，先进入白宫，来到四层的殿宇东大殿。这是白宫最大的殿堂，是达赖喇嘛举行坐床、亲政大典等重大宗教和政治活动的场所。最高处的七层是达赖冬季的起居宫，这里终日阳光普照，被称为"日光殿"。"日光殿"里陈设十分豪华，可以想象出当年达赖喇嘛生活在这里的情景。

布达拉宫的夜景

他们又来到红宫。红宫共有五座历代达赖喇嘛的灵塔殿，其中以五世达赖的灵塔最为壮观。它高6米多，面积达725.7平方米，殿内悬挂乾隆皇帝亲笔的"涌莲初地"匾额。殿内除了灵塔，还供奉着一尊银造的十三世达赖像和一座用20万颗珍珠、珊瑚珠编成的法物"曼扎"。

布达拉宫里曲曲折折，楼梯上上下下，他们根据箭头的指示和围绳圈定的范围，慢慢地走，依次地参观。扎西叔叔说，因为这座宫殿太大了，游客来一次，只能看到其中的一部分。开放的殿堂经常会有变化，但最重要的几个宫殿基本上每天都开放。他们看到，每一座殿堂的四壁和走廊上，都绘着色彩绚烂的壁画，画的多是神话传说、佛教故事和西藏的历史故事——松赞干布和文成公主大婚、五世达赖和十三世达赖进京朝见皇帝等重大的历史事件，都在壁画上栩栩如生地再现出来。小马可他们边看，边发出啧啧的赞叹。

扎西叔叔还补充说，布达拉宫是一座西藏历史文化的宝库，里面收藏保存了大量极为珍贵的历史文物，有近千座佛塔、上万幅唐卡和甘珠尔经、贝叶经等珍贵的经文典籍，还有明清两代皇帝封赐达赖喇嘛的金册、金印、玉印以及大量的金银工艺品，这些宝贝都价值连城。

参观归来，小马可想：布达拉宫，真是西藏圣地啊！

本文图片提供：杨都 阿真

在河南省三门峡市，小马可在小驴友依南的陪伴下参观了黄河三门峡大坝。回来的路上，依南神秘兮兮地问："小马可，你见过这样的村庄吗：'见树不见村，进村不见房，入户不见门，闻声不见人'？"

小马可说："要说我去过的村庄也不少了，这样的村庄还真没见过。这是不是神话里的魔鬼迷村啊？"

"啥魔鬼迷村？这就是我们三门峡陕州区的地坑院啊！明天咱们就到那里去看看。"

地平线下古村落

地平线下古村落

第二天，他们驱车去往陕州区。一路上，依南向小马可介绍着地坑院的来历。

原来，地坑院又叫作天井窑院，是一种古老而神奇的民居样式。简单地说，就是往地下挖个四四方方的大深坑，在大坑的四壁再挖出一个个窑洞，建一个地下大院子供全家人居住。这种被称为中国北方"地下四合院"的民居建筑，还是从古代人"穴居"的生存方式遗留下来的呢，距今已有约 2000 年的历史了。

地坑院作为一种独特的民居建筑，一直默默地分布在中国的中原大地上，并不广为世人所知。最早向世界介绍地坑院的是德

地坑院航拍照片（拍于20世纪30年代）

地坑院一景

国人伯纳德·鲁道夫斯。20世纪初，伯纳德在《没有建筑师的建筑》一书中介绍了中国的地坑院窑洞，称赞这种建筑是"大胆的创作、洗练的手法、抽象的语言、严密的造型"。书中还印有从空中拍摄的地坑院照片，是由德国汉莎公司飞行员武尔夫－迪特·格拉夫·卡斯特尔－吕登豪森拍摄的。卡斯特尔于1933－1936年期间来中国工作，航拍了许多反映中国独特的自然景观、民俗和历史文化的珍贵照片，地坑院就是其中的一种。

　　小马可他们的车驶出市区，车窗外出现了大片的黄土高坡。厚厚的黄土堆成巨大的平台，一道道很深的沟壑把这些黄土平台分割开来，四周陡峭。小马可曾在陕北看到过这种景象。

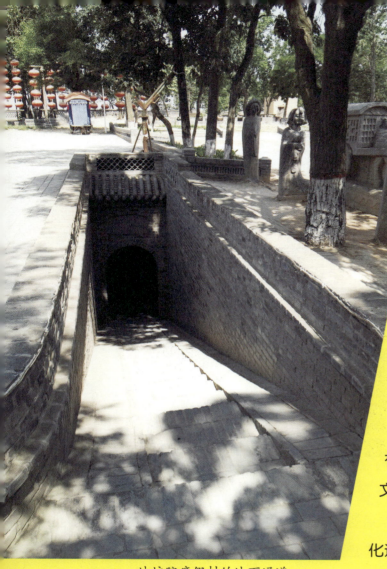

地坑院度假村的地下通道

"这种地貌叫塬，"依南说，"塬就是黄土高台，它早在更新世就堆积而成了，土质结构十分紧密，抗压、抗震，为挖掘地坑院创造了得天独厚的条件。陕州区近百个村落曾经有近万座地坑院，它们都集中分布在三大塬——东凡塬、张村塬和张汴塬上面。"

正说着，小马可看到前面有一个路标，他念出来："仰韶文化遗址！"

"是啊，6000 年前的仰韶文化遗址就在陕州区，离这里不远，"依南说："仰韶先民住的房子就是圆形或方形的地坑式窝棚，它就是后来地坑院的雏形。所以说，仰韶文化是地坑院的源头。"

汽车颠颠簸簸地沿着一条布满碎石的土路，来到张村塬边缘张村镇的庙上村。一进村就看到地面挺立着几座瓦房，一位老大爷笑盈盈地从瓦房里迎了出来。依南说："这是张大爷，是负责接待我们的。"

"咱们是不是走错了，地坑院村不是'见树不见村，进村不见房'吗？"小马可指着那些瓦房，狐疑地问。

"哦，你说的那是1990年以前的事了。以后好多人家陆续搬上地面盖了房子，形成了地上村。"

"可我们要看的是地下村呀。"小马可说。

"别忙啊，跟我走！"说着，张大爷带他们来到一个青砖砌的地道口，顺着一级级台阶往下走了十来米，就来到一个四四方方、干净宽敞的地下院落中。

只见院子中间有一棵郁郁葱葱、果实累累的大梨树，还有一眼水井和一盘石碾子。每面墙都打有两三孔窑洞，整个院子共有八九孔窑洞。张大爷带他们一个窑洞一个窑洞地参观，住人的主窑和客窑都盘着炕，摆着桌子、柜子、

窑洞里摆放着各种生活设施

板凳、脸盆架等生活用品，此外还有做饭的厨窑、储存粮食的仓窑、养牛马的牲畜窑、通地面的门洞窑和茅厕窑，各种生活设施真是一应俱全。

"住地坑院，冬暖夏凉，挡风隔音，可舒服了！"张大爷说。

"下雨怎么办？不会淹了吧？"小马可问。

"不会啊，你们看——"张大爷边指点着边向孩子们解释："这个渗井，就是为了防止下雨时水灌入窑洞而挖的，为了防止积水流入院内，四周还砌有拦马墙和青瓦房檐。"

"哦，我想那拦马墙还有一个作用，就是防止地面上玩儿的小孩和散步的牲畜不小心掉到地坑院里去。"依南抢着说。

拦马墙和青瓦房檐

"说对了，还真是这么回事！"张大爷赞许地说。

他还告诉孩子们，地坑院建筑还有不少巧妙之处哪。为了防止雨水渗漏，窑顶要在雨天后碾压平整，而平整的窑顶能同时当作打谷晒粮的"场"，一举两得；窑洞里的炕是通着灶的，冬天烧火做饭，炕热取暖，又是一举两得；还有仓窑开有通地面的"马眼"，秋天可将晒干的粮食直接从马眼流入窑里的粮囤中，方便又省事。

"设计地坑院的人真聪明啊！"小马可赞叹道。

民居史上活化石

张大爷说，地坑院这种地下古民居建筑，在全国乃至世界上都是唯一的，被誉为"地平线下古村落，民居史上活化石"。2011年，地坑院的营造技艺被列入国家级非物质文化遗产保护名录。

他还告诉孩子们，这一带地坑院较早的已经有200多年的历史，住过六代人了。地坑院一般是独门洞独院，也有两三进院子相连的。现如今在地上建房的人多了，但还是有一些人家坚持住在地坑院。庙上村把20多座连片的地坑院修葺一新，用地下通道相勾连，开发成了"地坑院度假村"，以便于游客参观。

说着，他领孩子们进入门洞窑，通过曲曲弯弯的地道，向另一个地坑院走去。小马可觉得，这怎么那么像电影里的"地道战"啊——"侵略者他敢来，地上地下一起打；侵略者他敢来，四面八方齐开战……"小马可不禁哼唱起来。

修葺一新的地坑院

他们来到一个贴满了大红窗花的院子，只见四壁墙上、窗户上，都贴着漂亮的剪纸。窑洞里，几个姑娘、媳妇正围坐在炕上剪纸呢。原来剪纸是地坑院的传统民俗，新媳妇过门都要给街坊四邻送上自己的剪纸，以展示自己心灵手巧。

　　另一个民俗主题院落是澄泥院，专门制作当地有名的陕州澄泥砚。工匠们从附近的土门村挖来制砚的黏土，用碾子碾成粉，兑上水和成泥浆，这就是澄泥，讲究的还要加上黄丹粉。用澄泥烧制的砚台光润细腻，散发着泥土芳香，是收藏者喜爱的艺术珍品。

　　和地上人群熙熙攘攘、热热闹闹的世界相比，这一大片地坑院落显得静悄悄的。虽然是正午时分，但地坑院里却很少听到有人说话的声音，仿佛进入了一个隐秘的世外桃源。能证明地坑院里还有人家居住的，只是那通向地面的烟囱里冒出的袅袅炊烟。

窑洞墙上贴满剪纸

本文图片提供：阿真

93

古币上的神殿

小马可听说，小亚细亚西岸的海滨，有个土耳其小镇塞尔柱（Selcuk）。别看它小，在古希腊、古罗马时期可是盛极一时。那时它叫以弗所，是古希腊工业和文化中心之一。罗马帝国时，它是亚细亚省的省会，被誉为"亚洲第一个和最大的大都会"。经过十几个世纪的沧桑，如今的以弗所早已失去了往日的繁荣与辉煌，但还是留下举世闻名的遗迹——圣约翰教堂、古图书馆和圆形剧场，尤其是被称为"古代世界七大奇观"之一的阿尔忒弥斯神庙。

在塞尔柱小镇，小马可惊喜地遇见了老朋友——卖旅游纪念品的买买提大叔。他迫不及待地向大叔打听阿尔忒弥斯神庙。大叔带他来到离小镇不远的神庙遗址，小马可一看，不禁有几分失望——一堆白色石头的废墟前，只有一根石柱耸立在那。难道这就是历史学家所说的"希腊艺术与亚洲财富相结合的建筑杰作"？来之前看资料，他读到拜占庭的菲罗初次看到这座神殿时，曾惊叹说："我虽然见过金字塔及世界各种奇观，但是当我看到高耸入云的神殿时，不禁发现，那些奇观和它相比，全都黯然失色。"对这种胜景，小马可却怎么也想象不出来。买买提大叔看出小马可的疑惑，变戏法似地掏出一枚古罗马银币："看，这就是阿尔忒弥斯神庙，它刻在以弗所的钱币上！"小马可接过银币仔细端详，只见上面的确刻着一座气宇轩昂的长方形建筑，一排排高大、恢宏的石柱立在殿前。

买买提大叔告诉小马可，过去，阿尔忒弥斯神庙规模相当宏大，长约 130 米、宽约 68 米，底部最上层台阶就有 100 米长、

神庙的废墟

55米宽，神庙三面环绕着两排共计127根巨大的圆柱，每根高达18米，它们支撑着上面巨大的屋顶。

小马可忍不住插问："在当时的技术条件下，建神庙的人是怎样将那些巨大的石块抬起来放到屋顶上的？"

只剩一根石柱

　　"这要归功于一位天才的建筑师——伽尔瑟夫农。"买买提大叔说。原来，这座建筑所使用的石块体积和重量，都远远超过了以往任何一座大型建筑，原有的起重设备根本不管用。伽尔瑟夫农冥思苦想，想出一个办法：他用沙袋垒起一道斜坡，使它达到比石块将要安放的预定位置略高的地方，然后将巨大的石块顺斜坡向上拉牵，当石块被拉上坡道，到达适当位置之后，就将底层的沙袋逐渐掏空。这样，斜坡将作为一个整体缓慢下降，放置在斜坡之上的石块也同时随着斜坡的下降而下降，直到石块准确地安放到需要安放的位置上。这和古埃及人筑造金字塔时使用的起重方法十分相似。

　　伽尔瑟夫农还是一位天才的发明家。为了运输那些重达 40 吨左右的石材，他发明了一种特殊的车——将开采出来的圆形石柱固定在两个近似于轮子的圆形木架的中轴上，在畜力或人力的牵引之下，两个圆形木架会像两个超大的滚轮一样地转动，这样就可以很轻易地将那些巨大的石块搬运到施工现场了。

　　"真了不起！"小马可啧啧称赞。

　　"这座神庙虽伟大，却是多灾多难，它七次被毁，七次重建。"买买提接着说："最初是公元前 550 年，它毁于战争。后来人们建了一座更大更、精美的神庙。公元前 356 年，又被一个疯子纵火犯夷为平地。第三座重建的神庙，覆盖面积是雅典帕特农神庙的四倍，有许多技艺精湛的青铜雕像……公元3世纪，神庙彻底被毁，以后再也没有重建，只留下这堆废墟和一根石柱。"

"唉！"小马可不禁长叹一声。

"其实，阿尔忒弥斯神庙留下的文物还有很多，不过不在这儿，而是收藏在大英博物馆里！"似乎为了安慰小马可，买买提大叔说。

奈基女神雕像

厚墙前的神像

原来，公元 1836 年，英国考古学家兼旅行家约翰·图特伍德，就在大英博物馆的资助下对神庙遗址进行挖掘。经过 11 年的挖掘，他在地下 7 米深处，挖出神庙的遗迹。艺术家和建筑家根据出土的建筑物材料和圆柱碎片，成功地勾画出神庙原来的面貌。不过图特伍德在挖掘过程中，遗漏了阿尔忒弥斯女神雕像。多年后，澳洲考古学家在市政厅墙后发现了女神雕像，这时她已经在黑暗中躺了十七个世纪了。

　　回来的路上，买买提大叔把那枚古银币送给了小马可。

阿尔忒弥斯女神雕像

本文图片提供：阿真

非洲篇

RENWEN LVXING

它们外形呈尖顶方柱状，由下而上逐渐缩小，顶端像个金字塔尖，碑身刻着美丽的图案和象形文字。

未完成的方尖碑

小马可从土耳其就近来到文明古国埃及。

他跟着向导赛义德，来到埃及南部一个美丽的城市——阿斯旺。阿斯旺位于开罗以南900千米的尼罗河东岸。赛义德介绍说，"埃及"的意思是"黑色的足迹"，而"阿斯旺"是"市场"的意思。自古以来，这里是南来北往的商人聚集的地方，是非洲贸易的货物集散地。

体现法老权力的方尖碑

但今天，赛义德给小马可安排的节目，不是去尼罗河上乘坐努比亚人的风帆船，不是去参观那著名的菲莱神庙，也不是去逛熙熙攘攘的旅游品市场，而是去参观法老的采石场，看那"未完成的方尖碑"。在埃及旅行，每到一地，小马可都能看到那种高大而又巍峨的方尖碑。它们外形呈尖顶方柱状，由下而上逐渐缩小，顶端像个金字塔尖，碑身刻着美丽的图案和象形文字。为什么会有这么多方尖碑呢？赛义德告诉小马可，方尖碑体现着法老的权力，也是他们通向永生不灭的媒介。历代埃及法老，都用方尖碑来表彰自己的功勋，希望能流传后世。

这些高耸入云的方尖碑，都是用整块花岗岩雕成，至少有几百吨重。人们纳闷：在生产力不发达的几千年前，这么大的方尖碑是怎样开采和运输的呢？赛义德说，看到"未完成的方尖碑"，这个问题就可以找到答案了。

卢克索卡尔奈克神庙的方尖碑

它为什么躺在这里

阿斯旺盛产花岗岩，法老们建造方尖碑所使用的红色花岗岩，都来自阿斯旺的采石场。小马可他们沿着采石场的台阶登上一座小石山，未完成的方尖碑就静静地躺在这石山上面。它真大呀！足有41米长，1150吨重。小马可从方尖碑这头走到那头，又从那头走到这头，边观察边拍照，忙个不停。他看到碑身上有一道巨大的裂缝。这也许就是它"未完成"的原因吧？

"给我讲讲它的故事吧，赛义德！"赛义德招呼小马可坐下，边休息边讲："后人考证认为，这个方尖碑和目前放置在罗马的另一座方尖碑，是同时由埃及女法老哈采普苏特修建的。"

"埃及还有女法老啊？"小马可觉得挺新鲜。

"是啊，"赛义德说，"哈采普苏特是第十八王朝法老图特摩斯一世的女儿，她是埃及的第一位女王。"

"不是还有个埃及艳后——克莉奥佩特拉吗？"

"嗯，不错，克莉奥佩特拉是埃及另一位成为法老的女性。但克莉奥佩特拉是马其顿人的后裔，并没有埃及血统，哈采普苏特却具有埃及血统，并且正式称王，因此从严格意义上说，埃及女王只有一位，那就是哈采普苏特女王。"

"哦，是这样。咱们还是说方尖碑吧。"

"好啊，小马可。这座巨大的方尖碑如果能够完工，竖立起来，将是全埃及最高的方尖碑。可惜啊，也许由于它太大了，也许是开采时刚好遇到地震，它断裂了，永远留在这古老的采石场。这也不错，它为人们解开方尖碑制作之谜提供了一个现成的标本。

神庙废墟上的方尖碑

阿斯旺采石场造方尖碑的石沟

断裂的方尖碑

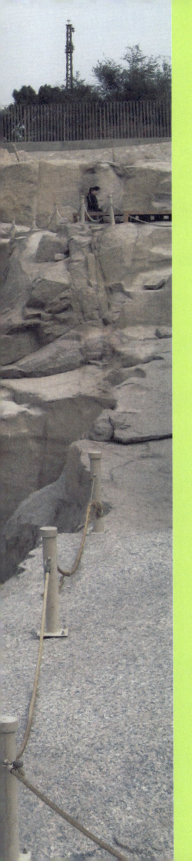

　　小马可你看，方尖碑周围有一道深深的沟缝。原来，当年埃及工匠，是将四周挖空成一条渠道，利用渠道，从下方平行切割出方尖碑。他们在切割出的石缝中填上干木头，然后往木头上浇水让它膨胀，这样就可将石碑和山体分离开了。"

用象形文字写出你的名字

　　古代埃及工匠真聪明啊！小马可赞叹着。接着，他又产生了新的疑问：

　　巨大的方尖碑雕成了，怎么运送它呢？

　　赛义德答道，这正是人们久久没有解开的另一个谜。后来，研究人员根据哈采普苏特女法老神庙中的壁画判断，方尖碑是从尼罗河上用驳船运送的，到达目的地后，工人将方尖碑抬上一个用土堆成的斜坡，然后将它竖直立在基座上。

　　嗯，真了不起。这时，小马可又发现，未完成的方尖碑旁有一个圆圆的石球。"这是干什么用的？"他问。赛义德夸道："小马可，你不愧是小旅行家，观察得这么细致！不错，这石球确实挺有讲究。"

他拿起石球，比划着："这是一种比花岗岩还坚硬的刮磨工具。你看那石碑上精美的花纹和象形文字，都是用它雕刻的。"说着，他用石球在一块花岗岩上使劲刮蹭，果然刻出几个别致的象形文字。

小马可端详那几个象形文字——一个像个棒子，一个像鸟，一个像只碗。"这些字是什么意思啊？"他问。

"这就是你的名字呀！小马可！"赛义德笑着回答。

古埃及象形文字与英文字母对照表

Aa Bb Cc Dd Ee Ff Gg Hh

Ii Jj Kk Ll Mm Nn Oo Pp

Qq Rr Ss Tt Uu Vv Ww Xx

Yy Zz

知识链接

埃及学家们为了研究方便，用国际音标为每一个象形文字标注了发音，同时给出了与之相近的英文近似发音，这就是象形文字与英文字母的对照表。它完全是音译的，从意义上没有关联。小朋友，你能根据这个对照表找到自己名字的象形文字吗？

本文图片提供：阿真

他们来到亚历山大这座很有欧洲风格的城市，在波涛汹涌的地中海边，沿着海岸线边走边聊。

"小马可，世界公认的古代七大奇观有两个在埃及，你知道是哪两个吗？"赛义德开始考小马可了。

"唔，让我想想。这其中之一，肯定是位于开罗吉萨区的大金字塔啊，我们参观过的。这另一个嘛，是不是狮身人面像？"

"金字塔说对了。这第二个嘛，不是狮身人面像，而是亚历山大灯塔！"

"亚历山大灯塔？它在哪儿啊？"小马可有点迫不及待了。

"在那儿！"赛义德指着远处一个小岛说。

小马可伸长脖子，使劲儿眺望，小岛那边哪儿有什么灯塔，只见到一座四四方方的白色城堡，每个角都有一个圆柱形的炮楼，典型的阿拉伯建筑。那著名的灯塔在哪里呢？

"别找了，小马可。灯塔已经不在了。早在公元 14 世纪，它就毁于一场罕见的大地震。但因为它太伟大、太神奇了，人们至

隐没在历史中的灯塔

在前往埃及亚历山大市的长途车上，赛义德对小马可讲起亚历山大这座城市的历史：公元前 330 年，不可一世的马其顿国王亚历山大大帝攻占了埃及，并在尼罗河三角洲西北端、地中海的南岸，建立了一座以他本人的名字命名的城市。这是一座战略地位十分重要的城市，在以后的 100 年间，它成了埃及的首都。当时亚历山大是世界上最繁华的城市之一，是一个文化中心，也是连接埃及与欧洲、地中海国家的重要交通枢纽。

亚历山大港

今忘不了它，还把它作为古代七大奇观之一。"

　　接着，赛义德给小马可讲了这个灯塔的故事。

　　公元前 280 年秋天，一个月黑风高的夜晚，一艘埃及皇家迎新娘的喜船，在驶入亚历山大港时，触礁沉没了，船上的皇亲国戚及从欧洲娶来的新娘，全部葬身鱼腹。这一悲剧，震惊了埃及朝野上下。埃及国王托勒密二世下令在最大港口的入口处，修建导航灯塔。经过 40 年的努力，在法罗斯岛的东端，距岛岸 7 米处的石礁上，竖立起一座雄伟壮观的灯塔。人们称它为"亚历山大法罗斯灯塔"。

亚历山大灯塔全高约 135 米，是当时世界上当之无愧的最高建筑物。它的设计者是希腊建筑师索斯查图斯。1500 年来，亚历山大灯塔一直在黑夜里为水手们指引进港的路线。它夜夜灯火通明，照耀着整个亚历山大港，保护着海上船只的安全。一位阿拉伯旅行家在他的笔记中这样记载着：灯塔是建筑在三层台阶之上，在它的顶端，白天用一面镜子反射日光，晚上用火光引导船只。

"哦，你能给我详细解释解释吗？"小马可问。

亚历山大港出海口

111

"当然可以"，赛义德边比划着边说："他的意思是说，亚历山大灯塔的塔楼由三层组成：第一层是方形结构，高 60 米，里面有 300 多个大小不等的房间，用来作燃料库、机房和工作人员的寝室；第二层是八角形结构，高 15 米；第三层是圆形结构，上面用 8 根 8 米高的石柱围绕圆顶灯楼。灯楼上面，矗立着 8 米高的太阳神赫利俄斯站立姿态的青铜雕像。整座灯塔都是用花岗石和铜等材

亚历山大海边古堡废墟

亚历山大海边

料建筑而成，总面积大约 930 平方米。灯的燃料是橄榄油和木材，聪明的设计师还采用反光的原理，用镜子把灯光反射到更远的海面上。"

"真了不起！"小马可赞叹道："经你这么一描绘，我能想象得出这座灯塔是多么高大，多么美丽，多么明亮。它既是一座无与伦比的艺术杰作，又是一个非常有用的海上交通安全设施，真是古代建筑的奇迹。它在地震中倒塌，真的是太可惜了！"

"是啊！这座亚历山大城的忠诚卫士，这顶亚历山大城的王冠就这样消失了。又过了一个世纪，埃及国王玛姆路克苏丹为了抵抗外来侵略，保卫埃及，下令在灯塔原址上修建了一座城堡，并以他自己的名字命名。"

"就是那座白色城堡吗？"

"正是。埃及独立之后，城堡改成了航海博物馆，向游人们展示埃及航海的历史。1996 年11 月，一组潜水员在地中海深处发现了一些建筑碎片，专家们考证，认为是亚历山大灯塔的遗留物。现在这些遗物就保留在航海博物馆里。"

"是吗？那还等什么，我们赶紧去看看吧！"小马可说着，拉着赛义德快步向法罗斯岛的航海博物馆走去。

本文图片提供：阿真

白色城堡——航海博物馆

美洲篇

RENWEN LVXING

　　我们国家盛产枫树，有"枫树之国"的美称。在东南部，尤其是安大略和魁北克两省，漫山遍野都生长着枫树。

枫叶映红加拿大

放暑假了，爸爸说，为了奖励小马可一年来的刻苦学习，特允许他到北美加拿大一游。小马可一听，高兴得跳了起来。跳过之后他又问："到了加拿大我找谁呢？"爸爸神秘地眨眨眼，说："别担心，一下飞机你就知道了！"

枫树之国

小马可乘坐的飞机在多伦多国际机场平安着陆。出了机场，小马可一眼看到一位约莫十二三岁，长着一头金褐色头发的白人小姑娘，一手拿着中、加两国的小国旗，一手举着一块牌子，上面用中、英两种文字写着："欢迎小马可！"小马可惊喜地迎了上去，做了自我介绍。那女孩热情地说："我叫艾米，是本戴尔学校6年级学生。受我爸爸的朋友大马叔叔的委托，为你这次加拿大之旅做全程导游！"说着，她把手中画着鲜红枫叶的加拿大国旗往小马可手里一塞，调皮地说："尊贵的中国客人，请吧！"

路上，小马可高兴地想：老爸可真会开玩笑，不过这个安排真的挺不错……

艾米先带小马可在多伦多市游览了两天。他们参观了著名的皇家博物馆、多伦多电视塔、奥杰夫艺术中心、麦克劳林天文馆等名胜。小马可注意到，每到一处，都可以看到加拿大国旗在迎风飘扬。他忍不住问道："艾米，为什么你们的国旗正中有一片火红的枫叶？"

"小马可，你没听说过吗？我们国家盛产枫树，有'枫树之国'的美称。在东南部，尤其是安大略和魁北克两省，漫山遍野都生长着枫树。一到秋天，金黄、火红的枫叶给大地披上

飘扬的加拿大国旗

了盛装，无论是在城市还是郊外，到处五彩缤纷，绚丽如画。"

"我们加拿大人对枫叶有着特殊的感情。不仅国旗上有一片枫叶，而且到处可以见到枫叶图案。你看——"艾米指着路边的商店对小马可说："各种商品、书刊、旅游纪念品上都有枫叶；我们从小在幼儿园、小学看的画册上，都画着枫叶。"她说着，从路边的小店里买来一枚精巧的枫叶纪念章，别在小马可的胸前。

秋天，枫林变成黄、橙红色，让大地色彩更加丰富起来

好吃的枫糖

"你知道吗，枫树不仅有美丽的树叶，它还很好吃呢！"

"树还能吃吗？"小马可感到有点惊奇。

"不是吃树，而是吃枫树里提取的枫糖。加拿大的枫树含糖量很高。早在 300 年以前，印第安人就发现了从枫树中取糖的秘密。他们在树干上打个洞，取枫树的糖液，用古老的煎煮法熬制

枫农用传统方法熬制枫树糖浆。他们把清冽的枫汁放在大锅里，架起柴禾烧起火，把枫汁熬成香浓的枫糖浆

糖浆。现在，取汁、制糖的方法早已现代化了，加拿大每年可以生产 32000 吨枫糖呢！"

"每年三四月间，是采集枫树糖汁的季节。魁北克和安大略省的人们，都要举行隆重的庆祝活动，欢庆一年一度的枫桦节。他们用枫叶做成各式各样的装饰品，用枫糖做出富于地方风味的美味糕点，还要举行锯枫树比赛。男女老少跳起欢快的集体舞，庆祝丰收。"

"枫糖和枫酱，还是我们加拿大人招待客人的最好食品呢！"

"是吗？可我都来两天了，还没尝到枫糖的味道呢！"小马可故作不满。

"回去看看餐桌吧，昨天妈妈刚做了一大罐上好的枫酱，等着招待你这个中国馋猫呢！"

商店的货架上摆满了各个枫树农场制作的枫糖浆

本文图片提供：谢飞朝

小马可来到美国，见到老朋友小波罗。

这天，他们乘坐的汽车，正在宾夕法尼亚州兰卡斯特郡的一条乡间公路上疾驰。突然，车速慢了下来，跟在一串优哉游哉的四轮马车后面慢慢爬行。走了一会儿，小马可有点着急了："兄弟，怎么个情况？我们为什么不按喇叭，不超过去啊？"

小波罗说："因为这里是兰卡斯特郡的'乐园镇'——阿米什人居住的社区啊！这里有许多规矩都和外面的世界不一样，保持着祖先传下来的古老的生活方式。不坐汽车坐马车，就是其中之一！"

乐园镇的阿米什人

阿米什人的小镇

生活在 18 世纪的人

"哦，这倒是蛮新鲜的。那他们还有什么特殊的规则呀？"小马可问。

"他们不用电，"小波罗说："你看路两旁一望无际的农田，阿米什人都是用畜力——也就是你们中国人说的

阿米什人使用简单的农具

牲口耕田；再看远处那些漂亮的白房子，房前屋后晾晒的衣服像旗帜一样迎风招展，那是因为他们不用电动洗衣机和烘干机；看那白得耀眼的风车，他们很会利用风能；还有他们照明用的提灯，做饭的炉具等，都是用蜡烛、煤油、煤气、木头等做能源的。"

"他们也不看电视，不用手机和电脑吗？"

"那是当然了！"

哇！这都 21 世纪了，还有像这样一群生活在 18 世纪的人哪！小马可感叹着，对"阿米什人"产生了极大的兴趣。他放眼望去，发现前面马车上和远近农田里劳作的阿米什人，穿着打扮也是那样与众不同：男子们都穿黑衣，或者无领衬衣加吊带裤，戴黑色宽檐帽，领下蓄着长长的胡须；女子们都戴一种白色系带的无檐小帽，穿黑色长裙；孩子们则个个打扮得像小大人一样。

小波罗看小马可眼中还是充满问号，就主动给他介绍起来。原来，阿米什人的祖先是 17 世纪欧洲阿曼门诺会的信徒，因为

驾着马车

阿米什妈妈带着她的三个孩子

125

受到其他教派的排挤，从 18 世纪开始迁居北美。现在北美的阿米什人大约有 10 万，除主要聚居在宾州外，在美国的其他 15 个州以及加拿大，也有少量的阿米什人定居点。他们跟外界交流用英语，跟自己人说德语。

谁更聪明

正说着，只见前面的马车停了下来，一个戴草帽的阿米什男孩向他们跑过来。

哈罗，欢迎来我们"乐园镇"做客！我叫麦克，可以当你们的导游。

这真是太好了！小马可正想到阿米什人家里去看看呢。

他们跟着麦克来到一处农舍，参观了玛利亚大婶家干净的马厩和谷仓。大婶在厨房里摆满自家的出产：果菜园里刚摘的新鲜蔬菜、水果，刚烘烤出炉的喷香糕饼，自制的果酱，还有优种牛群挤下的牛奶，招待远方来的小朋友。这些食物绝对是绿色天然无污染。

小伙子们吃饱喝足，麦克

阿米什人的冰箱——里面盛满了大冰块

又带他们参观社区的商店群。原来，阿米什人擅长手工技艺，30多家小店，各自经营一种手工艺品，有布艺、绣品、草编、木器、金银铜铁锡器，也有各式各样的玩具。其中用旧衣服和布头缝制的拼布被毯，以及脸部没有五官的布娃娃，还是世界非物质文化遗产呢！

脸部没有五官的布娃娃是阿米什人有特色的手工艺品

可爱的几个阿米什儿童

小马可这儿看看，那儿瞧瞧，精美绝伦、五花八门的手工艺品让他眼花缭乱。谁说阿米什人保守、不开化？他想，他们真的很聪明哎。

　　"麦克，你们在哪里上学？"他问。

　　"哦，我们就在社区里，上阿米什人自己办的学校，读到 8 年级，掌握了读、写、算的基本知识后，就留在父母的农庄里劳动。"

　　"你们就不学习外面的现代科技知识，就甘于这么一辈一辈地生活下去吗？"小马可这个问题可带有点挑战性。

　　谁知麦克并不在意。他大方地说："你问得好。其实好多大哥哥大姐姐也向往外面世界的精彩，每年都有大约四分之一的年轻人离开阿米什社区，到别处闯世界。老人们也不限制他们，任他们来去自由。"

　　听到这里，小马可更觉得阿米什人并不是保守、不开化的。他想，难道阿米什人不知道汽车比马车快，不会受"电灯、电话、互联网"的诱惑吗？他们是抱着自己传统的观念，坚持过简朴的生活。要是想到人类对地球资源的过度开发，想到环境污染、生态失衡等，也许这些被看成"另类"的阿米什人，拥有比我们更高的智慧呢！

　　谁说乐园镇不是真正的"乐园"呢？

阿米什人的学校

本文图片提供：肖咪

小马可和小波罗来到美国亚利桑那州的图森市。小波罗对小马可说："咱们来得巧，图森一年一度的斗牛节明天就开幕了。这可是当地的盛大节日，要连续举行好几天呢！"

以前小马可只听说过西班牙有斗牛节，没想到美国的图森市也有斗牛节的传统。小波罗告诉他，这图森斗牛节和西班牙斗牛节，还真的有点关系呢。图森位于美国西南部，与墨西哥交界。而离图森只有100千米远的墨西哥，过去就曾经是西班牙殖民地。如今的图森市民，有五分之一是西班牙裔的墨西哥人，在风俗上不免受些影响。况且，美国西部本来就有牛仔的传统。

说到这里，小马可脑海中闪过了好多美国西部片的镜头，什么《与狼共舞》《燃情岁月》《天地无限》，那些带着牛仔帽，骑着大马，威风凛凛在草原荒漠上驰骋的牛仔英雄，很是让小马可佩服。

美国西部斗牛节

牛仔大游行

第二天一大早，小波罗就开着吉普车，带小马可去参观斗牛节开幕式的盛大游行。小波罗的表哥保罗所在的高中军乐团，是游行队伍的打头方阵，保罗是军乐团中吹大号的。

大约过了一个小时，道路前方鼓号齐鸣，游行队伍开过来了。小马可看到保罗和他的男女同学们，都穿着漂亮整齐的军乐礼服，最前面是一位高大帅气的乐队指挥。随着他手中的指挥杖上下翻飞，团员们边吹奏边行进。鼓乐威武雄壮，振奋人心。军乐队后面是手持花球、彩旗，穿花裙子的女生组成的舞蹈方队。接着，是牛仔马队。只见上百位粗犷健壮的牛仔汉子和英姿飒爽的牛仔姑娘，个个身着格子衫、牛仔裤，头戴牛仔帽，脚蹬牛仔靴，骑在骠悍的高头大马上，八面威风地向前行进。道路两旁的观众热烈地不断向他们鼓掌欢呼。

再接下来，就是长长的西部大篷车队伍了。一辆接一辆宽大的木制四轮马车，每辆都由三四匹马拉着，用鲜艳的花束彩带装饰得五彩缤纷，上面坐着穿着西部垦荒时期服装的男女老少。一些人身着印第安人的衣裳，头上高高地插着美丽的鸟儿的羽毛；还有一些人穿着绣着

这种爆米花是斗牛节专属的，特别好吃

卖牛仔帽的小摊

卖烤肉的小摊

待斗的牛

花、围着大披肩的墨西哥人传统服装，跳着各自民族的舞蹈。有的大篷车上站着憨态可掬的卡通小牛，正频频向两边的观众招手。

小马可看得热血沸腾。他觉得，这个游行的确显示了图森特有的历史文化。他仿佛看到图森人的祖先，先是在邻州加利福尼亚的旧金山淘金，金矿衰落，铁路还没开通，他们乘坐当时流行的交通工具——木制马车，跨过加州和亚利桑那州之间的界河科罗拉多河，来到这个边陲小镇；还有一些人从墨西哥入境来到这里。他们在这到处生长着仙人掌的亚热带沙漠里建起养牛场，放牧马群，成了真正的西部牛仔。

马背上的斗牛

过两天，小波罗网购了门票，带小马可去观看斗牛比赛的决赛。

决赛在一个很大的斗牛场举行，场外巨大的停车场上停满了大大小小的汽车，还有一些是适合长途跋涉的房车。小波罗说，

斗牛节现场

图森的斗牛节很有名，每年都有许多人专程从全国各地赶来。小马可发现，这些来看斗牛的人们，无论男女老少一律穿着牛仔服，戴着牛仔帽，怪不得来之前小波罗要他戴上自己的牛仔帽呢。

时间还早，他们在场地周围溜达。这里摆满了卖各种牛仔服饰和美式、墨西哥式、印第安式吃食的小摊，男人们豪放地在大酒坊前喝着啤酒。

"小马可，看过比赛请你回答我一个问题"，当他们在看台上就座，小波罗卖着关子说："你不是看过西班牙斗牛吗？比比看这两种斗牛有什么不同？"

四面看台上座无虚席。决赛开始了。先是两种马术：穿越障碍和从狂跳的惊马上坚持不掉下来的竞赛，儿童、男牛仔和女牛仔各自分组，选手都是身经百战的高手，个个马术精湛，身手不凡。解说员激动地报着各自的成绩，观众的助威声此起彼伏。

女牛仔的风姿

接下来就是斗牛了。斗牛有几种：一是束牛，选手从奔马上突然跳下来，把惊逃的小牛按翻在地，用绳子捆住四蹄；一是套牛，选手骑在马背上，用高速旋转的绳套套住小牛的脖子，还有一种是两位选手配合，一人套头，一人套脚；一是驯牛，像驯马一样，在疯一般狂跳的牛背上坚持不掉下来，最终把它驯服。比赛紧张刺激，高潮迭出，全场观众都为牛仔们精彩的表演而激动狂热，不断地为他们呐喊加油。

斗牛比赛中有不少选手是小孩，比如套牛，通常是一个大人和一个孩子的组合，那些小牛仔矫捷娴熟的身手一点不比父兄逊色。小马可还注意到一个穿着橘红色衣服的小牛仔，据说他只有8岁。他的任务是将表演完的牛儿赶回牛圈。他骑着一头四蹄雪白的高头大马，在斗牛场上来回穿梭，把工作做得特别出色，令小马可羡慕不已。

一轮又一轮的比赛结束了，得胜选手骑着骏马绕场一周，向观众致意。观众激动的情绪达到高潮，全场响起山呼海啸般的掌声和欢呼声，许多人把帽子扔向空中。乐队奏起国歌，图森市长向优胜者发了奖。

回来的路上，小马可还沉浸在激动的情绪里。小波罗问道："那个问题有答案了吗？"小马可想了想，说："哦，我知道了。西班牙斗牛是斗牛士和牛的直接较量；而图森斗牛是西部牛仔在马背上的斗牛，和我们中国蒙古族的那达慕大会倒有几分相似哩！"

本文图片提供：阿真

135

澳大利亚原住民的古老艺术

136

大洋洲篇

　　这些人像，大多处于一种舞蹈状态，表现了一个热情奔放、能歌善舞而又极富幻想的民族。壁画还反映了原住民文化各个时期的发展历程，为澳大利亚的考古学、艺术史学和人类史学提供了珍贵的研究资料。

自然生态的伊甸园

小马可在澳大利亚旅游已经七八天了，大洋洲小驴友杰克一直陪着他。

"小马可，在离开我们美丽的国家之前，你还想再看看什么呢？"杰克问。

"连日来，我们看了不少地理上的自然奇观，今天换个口味怎么样？"小马可答。

"那好！我们就去卡卡杜国家公园。专家们说，那里是世界上考古学和人种学保存得非常完好的地方！"

大洋洲原住民

他们驱车来到澳大利亚北部，达尔文市以东 200 千米的地方。这里有独特的生态环境：潮汐浅滩、冲积平原、低洼地带和高原，为大量珍稀动植物提供了优越的生存条件，有的物种在这里已延续了 4 万多年了。这里还有许多岩洞，洞内的壁画、石雕以及人类生活遗址，表现出从远古的狩猎人群和采集人群，直到现在当地的原住居民的生产和生活方式……

小马可一边听杰克介绍，一边望着车外。突然，他有了新的发现："看！原住民！"

前面海滩上，几个赤身裸体的原住民手持鱼叉正在捕鱼。他们有棕黑色的皮肤，宽大的鼻子，凸出的嘴巴，自然的波浪型头发；再看他们的腿，细长细长的，特别适合狩猎时的长途奔跑。

一片矮树林里，有几个用树枝、树叶搭的棚子。这里的原住民脸上用泥土涂满了花纹，有红色的、黄色的，还有一个人用白黏土在全身涂满条纹。他们走路的姿势像是在跳有节奏的土风舞。

杰克说，原住民在脸上、身上涂花纹，一来显得威风漂亮，二来是防止长期在太阳下暴晒灼伤皮肤。

他还告诉小马可，1972 年以前，这里是世界上最后一片不为外界人所知的原住民居住地，数百名原住民仍然过着石器时代的原始群居生活。1979 年这里被划为国家公园，1981 年列入世界遗产名录。但原住民仍保留着世代相传的生活方式，不希望过多被外界打扰。

动植物天堂

他们下车，在公园内复杂的地貌行走。小马可发现这里有许许多多奇怪的植物，他不仅叫不上名字，也从来没见过；还有天上飞的地上跑的各种野生动物，都是大摇大摆旁若无人，悠闲自得地干着自己的事情。"这真是神话传说中的伊甸园，是自然生态的活化石啊！"小马可赞叹道。

"是啊！"杰克道："这里是典型的生态平衡地区。公园内植物类型丰富，超过 1600 种。有澳大利亚特有的大叶樱、柠檬桉、南洋杉，还有大片的棕榈林、松树林、橘红的蝴蝶花树等。其中大约 58 种植物有重要的保护价值。"

"动物也是丰富多样。公园里有 46 种土生土长的哺乳动物，占全大洋洲哺乳动物的四分之一还多；大洋洲三分之一的鸟类在这里聚居繁衍，品种在 280 种以上，其中各种水鸟和苍鹰为代表性鸟类。每当傍晚飞鸟归巢时，丛林中和水塘边，大洋洲特有的野狗、针鼹、野牛、鳄鱼等便出来觅食，又呈现一幅弱肉强食的自然演化图。"

观看原住民的古老艺术

奇特的壁画

　　说着，他们来到一处洞穴，观看公园里有名的壁画。小马可惊讶地发现，壁画上的人像，头是倒三角形、半圆形和扇形的，耳朵是方形的，躯干和四肢则特别特别长，像长长的毛竹竿；还有一些多头、多臂的人体造型。哈，为什么是这么个怪样子呢？

　　"这些壁画是大约 2 万年前，原住民的祖先凭借火把，蘸着猎物的鲜血或和着不同颜色的矿物质涂抹而成的，"杰克说："壁画内容和原始图腾崇拜、宗教礼仪有关。这些抽象的图案、奇特的人体，大概反映了当时人们独特的审美观吧？"

　　"壁画有 5000 多幅，除了描绘狩猎英雄外，还有野兽、飞禽，再现了当地原住民祖先的生活状况。你看这些人像，大多处于一种舞蹈状态，表现了一个热情奔放、能歌善舞而又极富幻想的民族。壁画还反映了原住民文化各个时期的发展历程，为澳大利亚的考古学、艺术史学和人类史学提供了珍贵的研究资料。"

　　"太有意思了！杰克，谢谢你这些日子的陪伴和精彩的讲解。你不仅让我看到了一个现代化的澳大利亚，更让我看到了一个完好保存自然历史的澳大利亚，一个丰富而又神奇的澳大利亚！对于今天的人类来说，这些遗迹真是太珍贵了！"小马可激动地说。

本文图片提供：澳大利亚旅游局